交通工程技术研究与实践应用

曹永强 钟建洪 龚小燕 ◎著

中国出版集团

中译出版社

图书在版编目（CIP）数据

交通工程技术研究与实践应用／曹永强，钟建洪，龚小燕著．-- 北京：中译出版社，2024.1

　　ISBN 978-7-5001-7720-3

　　Ⅰ.①交… Ⅱ.①曹… ②钟… ③龚… Ⅲ.①交通工程 Ⅳ.①U491

　　中国国家版本馆 CIP 数据核字（2024）第 033649 号

交通工程技术研究与实践应用

JIAOTONG GONGCHENG JISHU YANJIU YU SHIJIAN YINGYONG

著　　者：曹永强　钟建洪　龚小燕
策划编辑：于　宇
责任编辑：于　宇
文字编辑：田玉肖
营销编辑：马　萱　钟筱童
出版发行：中译出版社
地　　址：北京市西城区新街口外大街 28 号 102 号楼 4 层
电　　话：（010）68002494（编辑部）
邮　　编：100088
电子邮箱：book@ctph.com.cn
网　　址：http://www.ctph.com.cn

印　　刷：北京四海锦诚印刷技术有限公司
经　　销：新华书店
规　　格：787 mm×1092 mm　1/16
印　　张：12
字　　数：239 千字
版　　次：2024 年 1 月第 1 版
印　　次：2024 年 1 月第 1 次印刷

ISBN 978-7-5001-7720-3　　定价：68.00 元

前　言

近年来，我国城市化水平不断提高，大城市不断扩张与完善，中小城市也处于飞速发展的状态中，城市的结构与规模随之发生着巨大的变化，对交通工程技术方面的研究显得尤为重要。此外，随着国民经济的飞速发展，人民生活水平的不断提高，广大人民对生活质量、出行要求、城市的生态环境与空间景观等提出了更高的要求，城市功能也在日趋完善。在此背景下，交通安全、低公害、步行友好、满足出行等城市道路交通的可持续发展观念应运而生，进而使得人、车、路等更加和谐。

随着我国城市基础设施建设速度的不断加快，城市内部机动车的数量也在飞速增长，人们对道路交通的要求越来越高，现阶段的道路交通已经无法满足实际工作的需求，因而必须要对道路交通工程进行完善与改进。国家各个相关研究机构与建筑工程公司要结合工程实例不断地总结经验，改进现有的技术方法，进而增强城市的功能，提高广大人民群众的生活水平。

本书从交通工程理论介绍入手，针对交通工程学、道路交通流理论进行了分析研究；另外，对人和车的交通特性、道路通行能力分析、交通规划与交通需求管理技术做了一定的介绍；还剖析了公路工程施工技术、桥梁基础施工技术、道路交通控制技术及应用的内容；最后研究了计算智能在交通运输系统中的应用。本书可供交通工程、交通运输管理、土木工程、城市规划等专业学生使用。城市交通、公路交通、城市规划等领域规划、设计与管理部门技术人员也可将此书作为参考用书。

由于作者水平和时间所限，书中难免会存在不足之处，希望各位读者和专家能够提出宝贵意见，以待进一步修订，使之更加完善。

目　录

第一章　交通工程理论

第一节　交通工程学

一、交通运输系统

（一）交通运输系统的定义

交通运输系统是由铁路、道路、水路、航空和管道五种运输方式（子系统）组成的一个综合系统。各种交通运输方式均具有自身的特点，各自组成独立的系统。它们在综合系统内既发挥各自的作用，又相互补充和相互依存，通过统筹规划、合理分工、扬长避短、协调发展，以提高综合系统的运输能力，适应国民经济可持续发展的需要。完成交通运输任务有三个必要的物质条件。

1. 路线

①实有路线，如轨道、道路、管道、运输带、索道等。

②虚有路线，如航海路线、航空路线等。

2. 载运工具

①轮船、飞机、汽车和火车等。

②传送带、缆车、管道等。

3. 枢纽站

枢纽站主要包括出行和运货的起、终点，转换运输方式的中间站点，载运工具的停放地点等。

①大型站：包括飞机场、港口、火车站、公共汽车端点站、停车设施等。

②小型站：包括装卸货码头、公共汽车停车站、居住区的车库等。

③非正式站：包括路边的停车带和装卸货区等。

（二）交通运输方式的比较

按载运工具和运输方式的不同，运输系统可分为下列五种基本类型。

①道路运输：由汽车在城市间的公路和城市内的道路上行驶的运输系统。

②轨道运输：由内燃机、电力或蒸汽机车牵引的列车在固定的重型或轻型钢轨上行驶的运输系统，可分为城市间的铁路运输系统及区域内和市区内的有轨运输系统两种。

③水路运输：由船舶在内河、沿海或远洋航行的运输系统。

④航空运输：由飞机利用空中航线飞行的运输系统。

⑤管道运输：利用管道连续输送原材料的运输系统。

交通运输的五种方式之间是互补和竞争的关系。当某种方式用先进技术装备起来时，该方式便占有较大的市场份额。各种运输方式可用以下三个指标来评价。

①便捷程度：系统的受制约性、路线的可达性、处理交通需求的适应性。

②服务水平：处理运量的能力（载运能力）和敏捷性（速度）。

③成本效益：系统的生产率、直接费用与间接费用之间的关系。投资和运营是直接费用（如成本、能耗），间接费用是反映对环境的不利影响和不可定量的费用（如安全性）。

（三）交通运输工程学

随着社会的发展，人们对交通运输需求的迅速增长，铁路运输、公路运输、水路运输、航空运输和管道运输成为现代社会中交通运输的主要方式。信息、电子、材料、现代控制和环境工程等现代工程技术和高新技术又为交通运输的发展注入了新的活力，推动和促进了现代交通运输业的迅速发展。在此过程中，交通运输工程形成了一个独立的学科门类。

交通运输工程学是为了能安全、迅速、舒适、方便、经济和与环境相协调地运送旅客和货物，运用现代技术和科学原理，对各种运输方式中的运输设施进行规划、功能设计、运营和管理的科学。

交通运输是国民经济的基础产业，也是一个面向全社会的服务系统，该系统将无数个产生社会活动的地点连接起来。这些地点可以是组成社会有机整体的部分，如居民点、商业中心、工矿区、农业区、旅游区等，也可以是一个地区、国家的组成部分。

（四）道路交通系统

道路交通系统是一个由人、车、路、环境（含交通控制装置）组成的整体，每个组成部分都有其独立的功能或特性，按照特定的方式有规律地运行着，由此实现安全、通畅的目标。

道路交通系统的研究对象是交通流,目标是安全、通畅。道路交通主要有以下三个特点。

①系统性:所谓系统,是由相互作用和相互依赖的若干部分构成的,具有特定功能的有机整体。人、车、路、环境这几个互不相同的要素,在构成道路交通这个具有特定功能的整体时,它们之间就产生了相互依赖、相互作用的特定的不可分割的联系,因而具有系统性。系统中任何一个要素的行为或性质的变化都不再具有独立性,都会对道路交通整体产生影响。

②动态性:在交通过程中,随着时间、空间的推移和交通环境的改变,行人和驾驶员会随时产生心理和生理状态的变化;交通量、车速、密度等是随时都在变化的;人、车、路、环境之间的协调、配合关系也随时处于变化调整之中。这种道路交通状态随时间、空间变化的特性,说明它不仅是一个系统,而且是一个动态系统。

③复杂性:不仅道路交通系统内部人、车、路、环境相互联系密切,它们之间的关系错综复杂,不确定因素很多,而且系统本身还受国家政策、人民生活方式、文化水平、经济条件等的影响。因此,道路系统不仅是一个动态系统,更是一个复杂的系统。

二、交通工程学的定义

交通工程学是随着道路工程、汽车制造、交通控制、信息采集、数据传输、自动化、智能化等有关公路交通的科学技术发展而产生的一门新兴学科,目前仍在发展完善中,发展前景广阔,对提高公路和道路交通性能至关重要。

我国的交通工程学者认为:交通工程学是研究道路交通规律及其应用的一门技术科学。

以上几种定义,有的从学科的研究目的考虑,有的从学科的研究内容考虑,有的从学科的研究对象考虑,都具有一定的根据。但由于交通工程学是一门发展中的交叉学科,近几十年来,研究内容日趋广泛,因此,这些定义均受到当时社会与时代条件的限制,现在看来上述定义就不是那么全面、确切了。

交通工程学应是研究道路交通中各种交通现象的基本规律及其应用的一门边缘学科,而不是对原有其他学科分支的汇集和取代,具体研究内容尚在发展中,不可能也不必要完全罗列在定义中。交通工程学是研究道路交通中人、车、路、环境之间的关系,探讨道路交通规律,建立交通规划、设计、控制和管理的理论和方法及有关的设施、装备、法律和法规等,使道路交通更加安全、高效、快捷、舒适的一门技术学科。

交通工程学只有将工程、教育、法规、环境和能源五个方面综合起来考虑,才能保证人、车、路和环境之间合理的时间和空间关系。因为工程(Engineering)、教育(Education）、法规（Enactment）、环境（Environment）和能源（Energy）这五个英语单词的第一个字母都是 E，所以，人们常称交通工程学为"五 E"学科。

总之，交通工程学是以人（驾驶员、行人和乘客）为主体，以交通流为中心，以道路为基础，将这三个方面的有关内容统一在交通系统环境中进行研究，综合处理道路交通中人、车、路、环境四者之间的时间和空间关系的学科，通过交通规划、设计、运营管理等方法，提高道路的通行能力和运输效率，减少交通事故，降低能源及机件损耗、公害程度与运输费用，从而达到安全、迅速、经济和低公害的目的。

三、交通工程学的研究内容和学科体系

（一）交通工程学的研究内容

随着科学技术的进步和人们对交通需求的增加，交通工程学科作为交通运输学科的一个重要分支得到了迅速发展，学科的领域不断扩大，学科的内容也日趋丰富。交通工程学的主要研究内容包括以下几个方面。

1. 交通特性

交通工程中的人包括驾驶员、行人和乘客。人的交通特性主要研究驾驶员的视距特性、反应特性，酒精对驾驶的危害性，驾驶员的职业适应性，以及疲劳、情绪、意志、注意力等对行车的影响；行人和乘客的交通需求、心理特性和习惯等。

交通工程中的车辆包括机动车和非机动车。车辆的交通特性主要研究车辆的几何尺寸、质量等外部特征，车辆的动力性、制动性、通过性、稳定性、机动性等运动特性，车辆拥有量及其增长规律和对需求量的适应性，车辆组成对车辆运行的影响等。

交通工程中的道路包括公路、城市道路、交叉口及交通枢纽。道路的交通特性主要研究道路网的布局、结构如何适应交通的发展，道路线形如何满足安全行车的要求，道路与环境如何协调等。

交通流的交通特性主要研究交通流的三个参数——流量、速度、密度的特性及其在时间与空间环境中相互作用的关系，同时对车头时距分布、延误等进行研究。

2. 交通调查

交通调查包括交通量、交通速度、交通流密度、交通延误调查，居民、车辆出行调查，道路及交叉口的通行能力调查，交通事故及违章调查，公共交通及停车场调查，交通污染（大气、噪声）调查等。

3. 交通流理论

交通流理论研究各种不同状态的交通流特性，从宏观和微观的角度研究连续车流、间

断车流和混合车流的变化规律，寻求最适合交通状态的理论模型。目前，已经较为成熟的模型有概率论、排队论、流体力学理论等。

4. 道路的通行能力和服务水平

道路通行能力和服务水平是交通工程中两个重要的概念，它们共同决定了道路的运输效率和使用者的出行体验。

道路通行能力是指在一定条件下，单位时间内道路某一断面能够通过的最大车辆数或人流量。它是道路设计和规划的重要参数。通行能力受多种因素影响，包括道路的几何设计（如车道宽度、车道数）、交通控制设施、车辆类型、交通组成、驾驶员行为等。

服务水平是指道路或交通设施在特定条件下为用户提供的服务品质，通常用来衡量交通拥堵程度和用户出行体验。服务水平受通行能力、交通量、交通控制、道路条件、车辆类型等因素的影响。

5. 交通规划

交通规划包括城市交通需求、区域综合运输需求、公路交通需求的预测方法，网络交通流的动态、静态分配模型，城市道路网络、公共交通网络、公路网络的规划方法，道路交通规划的评价技术。

6. 交通事故与安全

交通事故与安全主要包括交通事故发生的分布规律统计、交通事故的各种影响因素分析、交通安全评价、安全改善及其效益分析与评价、交通事故预测及事故现场勘查等。

7. 交通管理与控制

交通管理与控制包括道路交通法规制定、交通系统管理策略制定、交通需求管理策略制定、交通运行组织管理制定、交叉口交通控制制定、干线交通控制制定、区域交通控制制定、交通管理策略的计算机模拟及定量化评价技术等。

8. 停车场及服务设施

停车场及服务设施研究便于满足停车需求，对停车场进行规划、设计和管理，讨论交通服务设施的布点、规模和经营等。

9. 公共交通

公共交通讨论各种公共交通工具的特点、适用条件及各种交通方式的相互配合，并探索新的交通方式，为居民提供方便的公共交通系统。

10. 交通系统的可持续发展规划

交通系统的可持续发展规划包括交通合理结构的规划，交通环境污染（大气污染、噪声污染、振动等）的预测、评价及预防，交通能耗的预测与评价，交通系统中其他资源消耗的预测与评价，交通系统可持续发展的保障体系等。

11. 交通工程学的新理论、新方法、新技术

交通工程学是一门新学科，它随着科学技术的发展而发展。目前，交通工程学的新理论、新方法、新技术主要集中在 ITS（智能交通系统）方面，包括现代通信技术、计算机技术、信息技术、管理技术、控制技术在交通管理中的应用，如车辆卫星导航技术、高速公路自动收费技术、自动高速公路等都是 ITS 的核心内容。

（二）交通工程学的主要贡献

交通工程学研究的内容涉及道路运输及运输工程的各个方面。总结国内外研究和运用交通工程学的实践及交通工程学在发展过程中所取得的成果，可以概括为以下几点：

①促进道路交通综合治理方案的形成和实施，促使交通事故率下降。

②有效地减少和避免交通拥挤、混乱状况，提高交通运输效率和运输企业的经济效益。

③通过改善道路交通环境，达到既提高道路通行能力又减轻驾驶员劳动强度的效果。通过对驾驶员交通心理及生理特性的研究和运用，实施对驾驶员的科学管理，提高安全驾驶率。

④促使车辆和道路在质量和数量上协调发展，提高交通规划和公路网规划水平及道路的整体设计和施工水平。

⑤增进汽车驾驶员、乘客、行人、骑自行车者等道路使用者的安全感和舒适感，减少道路运输中的货物损失。

⑥减少空气污染、交通噪声等交通公害。

⑦提高各项交通工作（含车辆运行管理、公路运输行业和企业管理）的管理水平、服务水平和法制教育水平等。

（三）交通工程学的相关学科

交通工程学研究的内容非常广泛，几乎涉及道路交通系统的各个方面。就交通工程学这门学科的体系来说，其基础理论是交通流理论、交通统计学、交通心理学、汽车动力学、交通经济学。与交通工程密切相关的主要学科有汽车工程、运输工程、人体工程、道路工程、交通规划、环境工程、自动控制、应用数学、电子计算机等。因此，交通工程学是一门多种学科相互渗透的新兴边缘学科。

第二节　道路交通流理论

一、交通流特性

交通流由单个驾驶员与车辆组成，以独特的方式在车辆、公路要素以及总体环境之间产生影响。由于驾驶员的判断能力及驾驶技术的影响，交通流中的车辆行为不可能一致。更进一步地讲，即使在完全相同的环境中，由于驾驶员的行为受当地特征及驾驶习惯的影响，也不会存在两个表现完全相同的交通流。

研究交通问题与研究纯物理现象是很不相同的。根据水力学的原理，通过给定特性的涵管的既定水流会呈现出一种完全可以预知的状态。而通过既定特性的道路和公路的既定交通流则会随着地点和时间的不同而不同，这就是对交通工程的一种挑战：在规划和设计时，虽确切知道某一事件所受到的特定物理条件和复杂的人类行为的约束，却仍然难以事先预知其发展情况。

然而，总是存在一个合理的较一致的驾驶员行为范围，因而也就存在着一个合理一致的交通流表现范围。

定量描述交通流，一方面是为了理解交通流特性的内在变化关系，另一方面也是为了限定交通流特征的合理范围。为了做到这些，必须定义和测量一些重要参数。基于这些参数以及由此而确定的交通流发生的合理范围，交通工程必须分析、评估，并最后制订出改造交通设施的规划方案。

（一）交通设施种类

交通设施从广义上被分为连续流设施与间断流设施两大类。这些设施与交通流要素间的相互作用有关，交通流要素控制着沿线设施的大体特性。

连续流设置下，无内部因素会导致交通流周期性中断。连续流主要存在于设置了连续流设施的高速公路及一些限制出入口的路段。在这些路上，没有停车或让路一类的交通标志，也不会由于平交而中断车流。在乡村公路重要交叉口之间的较长路段也可能属于该类设施，这些路段的设施特性接近于限制出入口路段的设施。

在连续设施下，交通流是由单个车辆之间及车辆与公路几何特征和总体环境之间相互作用的结果。在这类设施下的车流模式仅仅由土地的使用特性而衍生的车辆行程所控制。甚至当极端拥挤时，那也只是由于交通流内部的而非外部的干扰导致了车流停滞。因此，即使司机在公路上遇到了交通堵塞，这类设施仍被划分为"连续流"范畴。

间断流设施是指那些由于外部设备而导致了交通流周期性中断的设置。导致间断流的主要装置是交通信号，它使车流周期性中止运行。其他设置，如停车或让路标志，也会中止交通。同样，在一些有着重要用途却没有任何控制的路段上，车流也会受到中断。

在间断流设施下，交通工程师必须注意车流经常性的停车和重新启动。车流不仅受车辆与道路环境的相互影响，也受着周期性信号的影响。比如说，交通信号只在部分时间内允许车流运动，在这类设施下，由于车流受到周期性的干扰，车流就表现为成队行进的车群。车群是指一队车辆一起沿着同一方向运动，一队与另一队存在着明显的间隔。在信号设施下，车群是由连续的交叉口内绿灯时段的模式形成的。从本质上来说，间断流设施不可能连续使用，且时间作为一个重要参数影响着车流。

交通信号分隔出车群，因而车群有分散的趋向。当信号离得足够远时，车辆分散的趋向就较明显，以致在某些路段形成了连续流。信号标志之间距离多大时才会产生连续流尚未有一个确切的标准。许多变化因素影响着车流的分散，包括信号安装的合适程度，从未设信号标志的交叉口进入交通流的车辆数量和模式，以及信号之间的驾驶方式。一般认为，信号间隔 3.2 km 是产生连续流的足够长的距离。

（二）连续交通流的拥挤分析

1. 交通拥挤的类型

连续交通流不一定是不拥挤的，因为它受到内部的干扰。连续交通流的拥挤可以分为两种类型。

①周期性的拥挤。在同一地点和同一时间，例如每个工作日的早晨或夏季的每个星期日，重复出现的交通拥挤。

②非周期性的拥挤。是由某种偶然事件造成的，例如交通事故或关闭一条道路所引起的交通拥挤。

2. 瓶颈处的交通流

当进入某路段上游端的车辆数超过下游端道路通行能力时，在连续交通流中就会出现交通拥挤。

周期性的交通拥挤可能发生在任何通行能力降低处的上游，如窄桥的上游。当两股交通流的来车率之和超过下游可能允许的最大流量时，合流处的上游也经常会出现交通拥挤，如高速公路的驶入匝道。

3. 交通密度分析

虽然瓶颈上游周期性拥挤的概念十分简单，但是由现场观测不能判明的几个瓶颈相互作用所形成的交通模式通常是相当复杂的。这种情况下的交通模式可以通过观测交通特性并将数据绘成时间和地点的函数图形来研究。常用的方法是绘制密度等值线图，图上的数据可以用航空摄影法获得，每一道路断面间隔 5~10 min 拍摄一次（通常是将 35 mm 的航空摄影彩色胶卷投影到屏幕上或用显微阅读器数出车辆数），将等值线图上密度大于 50 辆/英里的区域涂成阴影，便能马上识别出瓶颈后面的排队情况。

将密度等值线图看作等高线图，先算出等密度线内的面积，然后再算出其体积，便可得到道路上所有车辆的总行程时间。

有时也可用速度等值线图代替密度等值线图，速度等值线图用流动车法的观测数据绘制。这时，虽然不能直接算出总行程时间，但仍能确定瓶颈的位置，因为车辆排队的特征是密度增大而车速降低。在多雾的地区，由于航空摄影有困难，经常使用速度等值线图。

密度或速度等值线图是一种特别有用的管理工具，用来监测高速公路系统的运行情况。因为在这种图上，瓶颈的位置及由此引起的交通拥挤的程度一目了然。

应当注意，如果用拓宽道路的方法来消除瓶颈，增加的交通流量有可能超过下游某些断面的通行能力。在这种情况下，为了判断拓宽费用是否合算，要看交通运行状况能否得到充分改善。通常在做出拓宽瓶颈的决定之前应当对这个问题进行调查研究。

二、间断流特征

（一）信号间断处的车流

任何间断流设施，其最重要的地方都是用于信号灯交叉口。在这些点上，瞬息万变的交通受到周期性的干扰，然后再以某一方式接着运行。

（二）在停车或让路标志处的车流

在停车或让路标志处的引道上，司机必须做出一些判断，以选择主干道车流中合适的间隙穿过车流。这一选择是建立在主干道车流中存在可通过的间隙，且司机对间隙距离持认可态度的基础之上。

空当是指车辆连续横过交通流中一条行车路线时形成的时间间隔，等于车头时距减去车辆驶过自身车长所需的时间；而间隙是指要穿越另一行车路线连续车流的车辆，其到达时间与被穿越车流中下一辆车到达时间的间隔，主要街道的总容量、方向分布、车道数都将影响可利用的间隙数。

司机确定间隙是否可通过取决于穿过街道的距离、所要达到的运行行动的复杂性、主街道车流流速、视距、等待一个车间隙的时间和司机自身特点。

（三）有效性指标——延误

在间断流中，速度、密度等指标不足以表征服务水平。在某一地点，存在周期性的停止，停车的次数和延续时间是表示服务水平的一些有效手段。

延误是经常用于表征间断流服务水平的一个指标。大体说来，有两类延误。

①停车延误，指车辆用于横穿公路所消耗的停车总时间。

②运行延误，指预先决定的最优条件下的理想运行时间与实际运行时间的差值。它包括停车延误和由运行速度低于理想速度而造成的延误。

由于运行延误需要确定一个理想的运行时间或运行速度，而停车延误较易识别和确定，因而比起停车延误来，较少使用运行延误这一指标。

引道延误是指引道时间与车辆畅行行驶越过引道延误段的时间之差。这包括停车延误加上减速至停止和加速至正常车速所损失的时间。虽然这一延误不好直接测量，但研究发现信号交叉口处每辆车的平均引道延误大约是每辆车平均停车延误的 1.3 倍。

三、概率统计模型

车辆的到达在某种程度上具有随机性，描述这种随机性的统计分布规律的方法有两种：一种是以描述可数事件的离散型分布为工具，考察在一段固定长度的时间或距离内到达某场所的交通数量的波动性；另一种是以描述事件的时间间隔的连续型分布为工具，研究事件发生的间隔时间或距离的统计分布特性，如车头时距分布、可穿越空当分布、速度分布等。

（一）离散型分布

在一定的时间间隔内到达的车辆数 K 是变化不定的。例如在某大桥上取一个断面，以 $T=30$ s 为计数间隔，对一个方向的车流到达数连续做了 232 个间隔的观测，得到 232 个到达数如表 1-1 所示。为了显示这些到达数的内在规律，把该表重新整理得到表 1-2。此表第一列为各到达数 K，第二列为到达数是 K 的那些间隔出现的次数，第三列由第二列各次数除以总次数 232 而得，这一列称为到达数的实测分布。实测分布具有如下特征：到达数为 5 出现的概率（即分布值）最大，达到 15.95%，而 5 是最接近平均流量 5.25 辆/30 s 的一个整数（232 个到达数的总和为 1218 辆，所历时间 116 min，由此算出流量为 630 辆/h，或每 30 s 通过 5.25 辆）。到达数离平均流量愈远，大体上出现的概率愈小。为了预测概率 P_k，有必要找出与实测分布贴近的理论分布。

表 1-1 某大桥车流到达数观测值

2	4	3	4	10	5	6	2	2	5	8	5	4	5	5	3	1
7	10	6	6	3	2	11	7	8	5	10	6	5	7	3	3	1
0	1	1	1	10	5	8	6	2	3	4	2	6	3	9	5	8
1	5	3	4	6	6	–	6	10	10	4	4	7	10	6	6	6
6	8	6	2	11	7	3	3	3	8	9	9	6	5	4	9	9
5	9	7	2	7	7	8	2	7	5	8	3	9	6	5	6	4
7	8	5	7	5	5	5	7	1	6	6	1	5	7	4	12	6
5	2	8	4	3	4	6	9	9	8	3	5	5	1	8	4	8
2	10	9	5	8	3	4	2	3	5	11	4	7	5	6	7	8
6	3	8	3	6	3	2	4	–	5	8	1	5	7	3	4	3
1	2	2	5	6	5	4	6	7	6	5	5	4	8	6	1	5
1	8	2	5	6	0	3	3	4	11	3	2	6	9	7	4	6
8	8	9	3	1	3	4	3	7	6	7	7	5	2	4	6	7
4	6	1	4	3	5	9	5	7	3	11	–	–	–	–	–	–

表 1-2 分布拟合计算表

到达数 K	实测次数 f_k	实测分布 P_k	泊松分布的 f_x	负二项分布的 f_k
0	2	0.0086	1.2	2.4
1	15	0.0647	6.4	9.7
2	20	0.0862	16.7	20.7
3	28	0.1207	29.3	31.0
4	27	0.1164	38.5	36.5
5	37	0.1595	40.5	36.0
6	31	0.1336	35.4	30.9
7	20	0.1034	26.6	23.7
8	21	0.0905	17.5	16.5
9	13	0.0560	10.2	10.7
10	8	0.0345	5.4	6.4
11	4	0.0172	2.0	3.7
12	2	0.0086	1.1	2.0
>12	0	0	0.7	1.8
Σ	333	1	232	232

（二）连续型分布

描述事件的时间间隔的分布称为连续型分布。连续型分布常用来描述车头时距或穿越空当、速度等交通流特性的分布特征。

1. 负指数分布

若车辆到达符合泊松分布，则车头时距就是负指数分布。

由式（1-1）可知，在计数间隔内没有车辆到达（$k=0$）的概率为：

$$P(0) = e^{-\lambda t} \qquad 式（1-1）$$

上式表明，在具体的时间间隔 t 内，如无车辆到达，则上次车到达和下次车到达之间，车头时距至少有 t。换句话说，$P(0)$ 也是车头时距等于或大于 t 的概率，于是得：

$$P(h \geq t) = e^{-\lambda t} \qquad 式（1-2）$$

而车头时距小于 t 的概率则为：

$$P = (h < t) = 1 - e^{-\lambda t} \qquad 式（1-3）$$

若 Q 表示每小时的交通量，则 $\lambda = Q/3600$ 辆/s，式（1-3）可以写成：

$$P(h \geq t) = e^{-Qt/3600} \qquad 式（1-4）$$

式中 $Qt/3600$ 是到达车辆数的概率分布的平均值，若令 M 为负指数分布的均值，则应有：

$$M = 3600/Q = \frac{1}{\lambda} \qquad 式（1-5）$$

负指数分布的方差为：

$$D = \frac{1}{\lambda^2} \qquad 式（1-6）$$

用样本的均值 m 代替 M，样本的方差 S^2 代替 D，即可算出负指数分布的参数 λ。

2. 移位负指数分布

为克服负指数分布的车头时距愈趋近零，其频率出现愈大这一缺点，可将负指数分布曲线从原点 0 沿 t 轴向右移一个最小间隔长度 τ，得到移位负指数分布曲线，它能更好地拟合观测数据。

移位负指数分布的分布函数：

$$P(h \geq t) = e^{-\lambda(t-\tau)}, \ t \geq \tau \qquad 式（1-7）$$

$$P(h < t) = 1 - e^{-\lambda(t-\tau)}, \ t \geq \tau \qquad 式（1-8）$$

其概率密度函数为：

$$f(t) = \begin{cases} \lambda' e^{-\lambda'(t-\tau)}, \ t \geq \tau \\ 0, \ t < \tau \end{cases} \qquad 式（1-9）$$

式中 $\lambda' = \dfrac{1}{\bar{t} - \tau}$，$\bar{t}$ 为平均车头时距。

分布的均值和方差分别为：

$$M = \frac{1}{\lambda'} + \tau, \quad D = \frac{1}{\lambda^2} \qquad\qquad 式（1-10）$$

用样本均值 m 代替 M 样本，样本的方差 S^2 代替 D，则可算出移位负指数分布的两个参数 λ 和 τ。

3. 爱尔朗分布

爱尔朗分布亦是较为通用的车头时距、速度等交通特征的分布模型。根据分布函数中参数 l 的改变而有不同的分布函数。

累积的爱尔朗分布可写成：

$$P(h \geq t) = \sum_{i=0}^{l-1} (\lambda l t)^i \frac{e^{-\lambda l t}}{i!} \qquad\qquad 式（1-11）$$

当 $l = 1$ 时，式（1-11）简化成负指数分布；当 $l = \infty$ 时，式（1-11）将产生均一的车头时距。这说明，爱尔朗分布中，参数 l 可以反映畅行车流和拥挤车流之间的各种车流条件。l 越大，说明车流越拥挤，驾驶员自由行车越困难。因此，l 是非随机性程度的粗略表示，非随机性程度随着 l 的增加而增加。

实际应用时，l 可由观测数据的均值 m 和方差 S^2 用下式估算：

$$l = \frac{m^2}{S^2} \qquad\qquad 式（1-12）$$

l 值四舍五入，取整数。

爱尔朗分布的概率密度函数为：

$$P(t) = \lambda e^{-\lambda t} \frac{(\lambda t)^{l-1}}{(l-1)!}, \quad l = 1, 2, 3, \cdots \qquad 式（1-13）$$

四、排队论模型

排队论也称随机服务系统理论，是研究"服务"系统因"需求"拥挤而产生等待行列（即排队）的现象以及合理协调"需求"与"服务"关系的一种数学理论。它以概率论为基础，是运筹学的一个重要分支。

（一）基本概念

1. "排队"与"排队系统"

"排队"单指等待服务的顾客（车辆或行人），不包括正在被服务的顾客；而"排队系统"既包括等待服务的顾客，又包括正在被服务的顾客。

例如一队汽车在加油站排队等候加油，它们与加油站构成一个排队系统。其中尚未轮到加油、依次排队等候的汽车行列称为排队，所谓"排队车辆"或"排队（等待）时间"都是仅指排队本身而言；如说"排队系统中的车辆"或"排队系统（消耗）时间"则把正在接受服务的车辆也包括在内，后者当然大于前者。

2. 排队系统的三个组成部分

（1）输入过程

输入过程就是指各种类型的顾客按怎样的规律到来。输入过程种类繁多，具体如下：

①定长输入——顾客等时距到达。

②泊松输入——顾客到达符合泊松分布或顾客到达时距符合负指数分布。这种输入过程最容易处理，因而应用最广泛。

③爱尔朗输入——顾客到达时距符合爱尔朗分布。

（2）排队规则

排队规则指到达的顾客按怎样的次序接受服务。例如：

①损失制——顾客到达时，若所有服务台均被占，该顾客就自动消失，永不再来。

②等待制——顾客到达时，若所有服务台均被占，他们就排成队伍，等待服务。服务次序有先到先服务（这是最通常的情形）和优先服务（如急救车、消防车等）等多种规则。

③混合制——顾客到达时，若队长小于 L，就排入队伍；若队长等于 L，顾客就离去，永不再来。

（3）服务方式

服务方式指同一时刻有多少服务台可接纳顾客，为每一顾客服务了多少时间。每次服务可以接待单个顾客，也可以成批接待，例如公共汽车一次就装载大批乘客。

服务时间的分布主要有以下几种：

①定长分布服务——每一顾客的服务时间都相等。

②负指数分布服务——每一顾客的服务时间相互独立，服从相同的负指数分布。

③爱尔朗分布服务——每一顾客的服务时间相互独立，服从相同的爱尔朗分布。

为了叙述方便，引入下列记号：令 M 代表泊松输入或负指数分布服务，D 代表定长输入或定长服务，E_k 代表爱尔朗输入或服务。于是，泊松输入、负指数分布服务，N 个服务台的排队系统可以定成 $M / M / N$，泊松输入、定长服务、单个服务台的系统可以写成 $M / D / 1$。同样，可以理解 $M / E_k / N$、$D / M / N$ 等记号的含义。如果不附其他说明，则这种记号一般都指先到先服务：独立顾客服务的等待制系统。

3. 排队系统的主要数量指标

（1）等待时间

从顾客到达时起至开始接受服务时为止的这段时间。

（2）忙期

服务台连续繁忙的时期，这关系到服务台的工作强度。

（3）队长

有排队顾客数与排队系统中顾客数之分，这是排队系统提供的服务水平的一种衡量标准。

（二）$M/M/1$ 系统

由于 $M/M/1$ 系统排队等待接受服务的通道只有单独一条，也叫"单通道服务"系统，设顾客平均到达率为 λ，则到达的平均时距为 $1/\lambda$，排队从单通道接受服务后通过的平均服务率为 μ，则平均服务时间为 $1/\mu$。比率 $\rho = \lambda/\mu$ 叫作服务强度或交通强度或利用系数，可确定各种状态的性质。所谓状态，指的是排队系统的顾客数。如果 $\rho < 1$，并且时间充分，每个状态都按一定的非零概率反复出现。当 $\rho \geqslant 1$ 时，任何状态都是不稳定的，而排队的长度将会变得越来越长。因此，要保持稳定状态即确保单通道排队能够消散的条件 $\rho < 1$（即 $\lambda < \mu$）。

（三）$M/M/N$ 系统

在 $M/M/N$ 排队系统中，服务通道有 N 条，所以也叫"多通道服务"系统。

设 λ 为进入多通道服务系统顾客的平均到达率，排队行列从每个服务台接受服务后的平均输出率为 μ，则每个服务的平均服务时间为 $1/\mu$。仍记 $\rho = \lambda/\mu$，则 ρ/N 称为 $M/M/N$ 系统的服务强度或交通强度或利用系数，亦可称为饱和度。和 $M/M/1$ 相仿，当 $\rho/N < 1$ 时，系统是稳定的；而 $\rho/N \geqslant 1$ 时，系统的任何状态都是不稳定的，排队长度将趋向于无穷大。

$M/M/N$ 系统根据顾客排队方式的不同，又可分为以下两种。

1. 单路排队多通道服务

单路排队多通道服务指排成一个队等待数条通道服务的情况，排在队伍第一位的顾客可视哪个通道有空就到哪里去接受服务。

2. 多路排队多通道服务

多路排队多通道服务指每个通道各排一个队，每个通道只为其相对应的一队顾客服务，顾客不能随意换队，这种情况相当于由 N 个 $M/M/1$ 系统组成的系统。

第二章 人和车的交通特性

第一节 驾驶员特性和车辆特性

一、驾驶员特性

道路上的客、货运输主要由驾驶员来完成，因此，充分认识驾驶员的交通特性，对于保证乘客、货物被安全、快速、顺利、准时、完好地送达目的地以及交通设施安全设计十分重要。

驾驶员的感知和反应特性可用于分析驾驶员在交通环境中的心理、生理和行为特征。驾驶员通过自己的感官，接收外界交通状况信息，产生感觉，主要分为视觉和听觉。各种感觉相互联系综合成为知觉，在知觉的基础上，形成"深度知觉"。对驾驶员而言，如目测距离、估计时间、判断车速等，即为对实际交通情况感觉判断形成的深度知觉。而驾驶员的视觉、听觉等感知特性和反应特性在形成深度知觉中起着非常重要的作用。

（一）视觉特性

在行车过程中，与驾驶任务密切相关的视觉因素有视力、视野、视觉适应、眩目、色彩感觉、行车环境的视觉感知。

1. 视力

视力是眼睛分辨物体细微结构能力的一个生理尺度，以临界视角的倒数来表示。视力分为静视力和动视力。

静视力是静止时的视力。申请大型客车、牵引车、城市公交车、大型货车、中型客车、有轨无轨电车准驾车型的，两眼裸视力或者矫正视力达到对数视力表5.0以上。申请其他准驾车型的，两眼裸视力或者矫正视力达到对数视力表4.9以上。

动视力是车辆行驶时观察物体的能力。动视力随着车辆行驶速度的增加而降低；车速越高，视力降低的幅度越大。动视力还与驾驶员年龄有关，年龄越大，动视力越差。

视力与亮度有关。通常当光照度在 0.1～1 000 lx 范围内时，视力与照度呈线性关系。白天亮度大，驾驶员视力正常；夜间亮度小，驾驶员视力明显减弱，需要依靠车头灯来分辨物体；黄昏时，车头灯的照度与周围景物的光亮度差别不大，不易辨识周围的车辆和行人等障碍物，所以是一天中最易发生事故的时间。

2. 视野

眼球固定注视一点时所能看见的空间范围称视野。视野亦有静视野和动视野之分，它是以眼球是否能自由转动来区分。驾驶员头部和眼球固定时能够看到的范围称静视野。仅将头部固定，眼球自由转动时能够看到的范围称动视野。正常人的视野每只眼睛上下（垂直视野）达 135°～140°，左右（水平视野）达 150°～160°；双眼视野比单眼视野的范围大，约为 180°。动视野比静视野左右方向约宽 15°，上方约宽 10°，下方无明显变化。

视野与车速有关。当车辆静止时，驾驶员的动视野范围最大，在 120°～180°之间，车速越高，驾驶员的视野越窄，注意力的集中点随之远移，对距离车辆近的景物，清晰度降低，甚至无法辨认。当高速行驶时，驾驶员感知越近的物体相对于车辆移动的速度越快，这些物体的映像在人眼视网膜上停留的时间太短，人眼来不及仔细分辨物体的细节，导致无法辨认。因此，路侧交通标志的设置应与驾驶员保持一定的距离。根据试验可知，当车速为 60 km/h 时，能看清车辆两侧 20 m 以外的物体；而车速为 90 km/h 时，能看清车辆两侧 33 m 以外的物体，小于这个距离就无法辨认。

视野与视力密切相关。根据人的生理特点，通常视锥角在 3°～10°范围时，感觉最灵敏，此时的视力称为最佳视力，交通标志、信号灯应设在最佳视力锥体范围内；视锥角在 10°～20°范围内时为清晰视力，颜色、形状、汉字可以在这个范围内清楚辨识；120°～180°范围为临界视力，该范围内可以辨识动态物体。

3. 视觉适应

视觉适应是眼睛因光亮程度突然变化（光线由亮到暗或由暗到亮）而引起的感受性适应过程。当汽车由明亮处驶入暗处时，驾驶员通常至少需要 6 s 才能基本适应，看清周围情况。汽车由暗处驶入明处时，视力恢复正常一般需要 3 s。

对于不同年龄的驾驶员，视觉适应也有明显不同。研究结果表明：20～30 岁，由明亮处驶入暗处的视觉适应能力不断提高，40 岁以后逐渐下降，60 岁以后的视觉适应能力仅为 20 岁时的 1/8。了解驾驶员视觉适应的变化特点，对预防交通事故十分必要。

4. 眩目

强光照射使驾驶员产生眩目，视力明显下降。夜间行车，对向车辆车头灯强光照射，最易使驾驶员产生眩目现象。强光照射中断后，视力从眩光影响中恢复过来需要时间，视力恢复时间的长短与刺激光的亮度、持续时间、受刺激人的年龄有关，一般为 3～6 s。

与眩光有关的另一种现象是消失现象，即某一物体（例如行人）因同时受到对向车辆的车灯照射，在某一相对距离内完全看不清该物，呈消失状态。站在路中心线的行人，当双向车辆距行人约 50 m，车灯对照时，呈现消失现象，将辨认不出行人。

5. 色彩感觉

可见光的光波在 400～760 nm 之间，可见的基本色有红、橙、黄、绿、青、蓝、紫。其中，红色刺激性强，使人强烈兴奋起来，波长最长，传播最远，易见性最高；黄色有最高的明亮度，反射光的强度最大；绿色给人的心理和生理效果是温柔、平静，有安全感。交通工程中利用颜色的物理特性及人对色彩的感觉，把红色光作为交通信号中的禁行信号，绿色光作为通行信号，黄色光作为警告信号。

6. 行车环境的视觉感知

通过采集驾驶员在道路空间和停车场的视觉感知图像，发现驾驶员视觉感知的城市交通空间可概括为三类。第一类，地下停车库及地面停车场。驾驶员在地下停车库内看见的事物以汽车、停车标识、停车位周边的墙体、柱子为主，在地面停车场上以低矮灌木、植被以及 2 m 以下的乔木的树干部分为主。第二类，十字路口红灯等待区。十字路口是驾驶员路途内主要停留场所，驾驶员的视觉感知内容主要包括红绿灯、过街天桥、人行斑马线、行人以及十字路口周围建筑物上的大型广告牌等。相交道路宽度小于 25 m 时，驾驶员能看清楚路口周边的行人的言谈举止、建筑物底层的建筑材料、门窗风格样式以及商店橱窗内展示的物品；当相交道路宽度大于 25 m 时，以上所有能获取的信息随着道路宽度的增加而减少和弱化。第三类，车辆行驶过程中及堵车时的道路空间。车辆以大于 30 km/h 的速度行驶时，可以辨认道路两旁的树木，但很难辨认低矮的花卉和灌木的叶子。堵车时，驾驶员视野内的主要事物包括周围车道上的汽车、道路标识系统和车辆行驶前方远处的高层建筑物顶部楼层轮廓。

（二）反应特性

人受到外界因素刺激时，会产生反应。由于刺激因素的强弱、时间的长短、次数的多寡，以及人受刺激后反应快慢的差异，使得反应的剧烈程度和时间长短不尽相同。

1. 刺激信息

驾驶员的刺激信息来自道路和交通环境，包括道路线形、宽度、路面质量、横断面组成、坡度、交叉口及车辆类型、交通量、行车速度、机动车与非机动车的行驶情况及相互干扰情况、行人情况、交通信号、标志标识等。在驾驶车辆过程中，交通环境不断变化，驾驶员随时接收外界信息，并做出相应的反应。

2. 分析判断

驾驶员接收外界信息后，通常经历如下四个反应阶段：

（1）感知

障碍物或一些情况进入驾驶员的视野，驾驶员意识到需要做出一定的响应。

（2）识别

驾驶员对所感知的障碍物或情况进行充分的辨识，以便做出合适的反应。

（3）决策

一旦对所感知的障碍物或情况完成识别，驾驶员必须分析并做出合适的决策。

（4）反应

完成决策后，驾驶员开始执行生理上的反应。

对于驾驶员来说，一般分为三种情况：第一种是驾驶员接收外界信息后，能够迅速地分辨真伪，做出正确的反应；第二种是对外界信息分辨不出真伪，思维混乱，以致造成判断错误，反应失当；第三种是对外界信息归纳迟缓或考虑欠周，造成犹豫不决。后两种情况都是造成交通事故的重要因素，应力求避免。

3. 感知-反应时间

感知-反应时间（Perception-Reaction Time，简称 PRT）由感知、识别、决策、反应四个部分时间组成。由于很多因素会影响感知-反应时间，例如驾驶员所感知到的事件类型及其复杂程度、驾驶员做出反应时的周边环境情况等，造成驾驶员的感知-反应时间有较大差异。在信号控制应用中感知-反应时间应取 1.0 s，该值为第85%分位点。因为驾驶员对于信号灯的响应较为简单，所以取值会显著小于公路上制动响应下的感知-反应时间。

（1）可预期事件对感知-反应时间的影响

可预期事件对驾驶员的感知-反应过程及时间具有显著的影响。通过对照试验研究驾驶员对可预期、不可预期事件的感知-反应时间差别，得出可预期事件的感知-反应时间均比不可预期事件的感知-反应时间短大约 0.5 s。因此，交通工程师应当在道路系统和交通设计中避免出现驾驶员"不可预期或预期之外"的设计。换言之，在道路条件受限制的情况下，必须有精细化设计的标志、标线，对"预期之外"的设计做出提示。

（2）其他影响感知-反应时间的因素

一般而言，以下因素会明显影响驾驶员感知-反应时间：年龄、疲劳度、驾驶员体内的酒精及（或）药物含量、环境复杂度。通常，老年人的感知-反应时间长于中青年。一些药物副作用都可能引起驾驶员心理和生理特征的变化，影响驾驶技能，增加感知-反应时间，甚至导致驾驶员做出不准确的反应，极易引发交通事故。

驾驶员长期在复杂的环境中行车，精神始终处于紧张状态，增加了心理负荷，容易产生疲劳。另外，驾驶员长时间在路线平直而单调的环境中行车，做简单的重复操作，车辆产生轻微而有节奏的振动，此时由于大脑反复受同样的刺激，使大脑皮层的能量消耗过多，大脑代谢功能降低，供血不足，引起驾驶员疲劳。驾驶员疲劳后，给安全行车带来的不利影响有四个方面：

①感知-简单反应时间显著增加。驾驶员疲劳后的反应时间比疲劳前约长 0.07 s。

②对复杂刺激的反应时间增加，有的甚至增长 2 倍以上。

③动作准确性下降。有时会发生反常反应，即对于较强的刺激出现弱反应，对于较弱的刺激出现强反应。动作的协调性受到破坏，以致反应不及时。这在制动、转向方面表现得最为明显。

④判断错误和驾驶错误远比平时增多。驾驶错误多为掌握转向盘、制动、换挡不当；判断错误多为对道路的运行状况、对潜在事故的可能性及应对方法考虑不周到。

4. 反应距离

车辆在驾驶员感知-反应这个过程中保持原有速度行驶的距离是交通工程师必须关注的问题。以最简单的制动反应为例，感知-反应过程开始于驾驶员最先意识到视野中出现了障碍物或状况，在踩制动踏板的瞬间结束。在这段时间之内，车辆将沿着原来的轨迹并按原来的速度行驶；仅当驾驶员踩了制动踏板，对刺激做出反应之后，车辆才开始减速。

反应距离是车辆原始速度（km/h）与感知-反应时间（s）的乘积。因时间单位是 s，将速度单位 km/h 转化为 m/s 更便于应用，1 km/h = 0.28 m/s。

反应距离的计算公式为

$$S_{Re} = 0.28 \cdot V \cdot t \qquad \text{式（2-1）}$$

式中：

S_{Re} ——反应距离（m）；

V ——车辆原始速度（km/h）；

t ——反应时间（s）。

二、车辆特性

车辆的特性在交通基础设施设计、交通运行中起着重要作用。车辆尺寸、车辆质量决定道路桥梁线形设计、结构设计以及停车场地、枢纽、场、站设计，车辆的各种运行性能与驾驶员结合，决定交通流的特性和安全。

（一）车辆的服务要求

道路上通行的各种车辆按照服务要求或使用性能分为客运车辆和货运车辆，前者主要包括公共汽车、无轨电车、有轨电车、大客车和小客车，后者主要包括载货汽车、拖挂车、铰接车等。

交通运输对车辆的服务要求如下：

①车辆的交通效率高，通常采用的评价指标包括额定载客人数及座位数、载货容量（额定载质量）、汽车质量利用系数（额定载质量/空车质量）、平均车速及动力性能。

②车辆的行驶性能和安全性能好，通常采用的评价指标包括加速性能、最高车速、侧向稳定系数、转向性系数、沿曲线行驶的稳定性、制动距离、驾驶员的视野及可见区域等。

③车辆承载方便、舒适，通常采用的评价指标包括乘客舒适方便程度，如行车平顺性、座位宽敞程度、乘客上下车方便程度、通风机采暖效能；货车装卸方便程度，如车厢或车身的装载高度、可打开的车栏板数目、有无装卸机具等。

④车辆的运营成本低，通常采用的评价指标包括能源经济性，如每 100 t·km 或每 100 A·km 的最低能源消耗量、每 100 km 平均能源运行消耗、大修前行驶里程（km）、轮胎使用期限、汽车部件和零件的损伤情况等。

⑤车辆对环境的污染少，通常采用的评价指标包括各种车速时的汽车噪声、汽车污染排放量。

（二）车辆动力特性

汽车的动力特性是车辆最基本、最重要的一种性能，汽车运输效率、行驶性能的高低，在很大程度上取决于汽车的动力性能。汽车的动力性能主要由最高车速、加速特性、转弯特性三个方面的指标来评定。

1. 最高车速

最高车速是指汽车在水平的良好路面上行驶时所能达到的最大车速，此时汽车已不可能加速，坡度阻力和加速阻力为零，即汽车的牵引力在克服空气阻力和滚动阻力时所能达到的车速。

2. 加速特性

汽车的加速能力指汽车在水平路段且路面良好的道路上行驶时产生的加速度。客车的加速度往往优于货车。加速度与车速之间的关系为：低速时，车辆变速器的传动比大，牵引力大，所以加速度大；高速时，车辆变速器的传动比小，牵引力小，空气阻力大，所以加速度小。

客车和货车的加速距离差异显著。当交叉口红灯时，如果客车排在货车之后，红灯变绿灯，货车会严重阻碍客车的加速行驶；如果货车排在客车后面，当它们加速时，货车与客车之间会产生较大的空当。

但是，一般在道路设计中很难处理客车、货车因加速差异而产生的上述问题。因此，在通行能力分析中，考虑到客车和货车在加速能力、上坡路段维持一定行驶速度的能力差异，提出了"当量小汽车"的概念，以 4~5 座的小客车为标准车，作为各种类型车辆换算道路交通量的当量车种。不同等级道路设施、坡度与坡长以及其他因素作用下，一辆货车等效于 3~5 辆当量小汽车的通行能力。在考虑了通行能力等效换算的基础上，进行道路设计或交通运行状况分析更为合理。

3. 转弯特性

车辆转弯时有低速转弯（≤15 km/h）和高速转弯（>15 km/h）两种形式。

城市道路、公路的最小圆曲线半径、交叉口最小转弯半径的设计取值，通常要考虑不同类型车辆低速转弯特性，包括转弯时车辆前后轮轨迹偏离特性、一定车速下转弯时间等。

高速公路、城市快速路曲线段的最小圆曲线半径取值，通常要考虑车辆的高速转弯特性，包括车辆侧向摩擦力、向心力等。因此，道路横断面设超高和不设超高情况下最小圆曲线半径取值是有一定差别的。

（三）车辆制动特性

汽车的制动性是汽车的主要性能之一，它是安全行驶的重要保证。最基本的制动性能评价指标是制动减速度、制动力和制动距离。

汽车制动时作用于汽车上的各种外力有制动力和各种行车阻力。

汽车行驶阻力包括空气阻力、滚动阻力、坡度阻力和加速阻力。滚动阻力在任何行驶条件下均存在，坡度阻力在上、下坡时产生，加速阻力则发生于车辆变速行驶时。

汽车的制动力：汽车制动时，车轮运动有滚动与拖滑两种现象，故制动力由两部分组成。一部分是汽车的制动器内制动力矩所产生的摩阻力，另一部分是抵抗轮胎滑移的阻力。汽车最大的制动力也与汽车牵引力一样，受附着力的制约，其最大值等于附着力。

汽车制动时的阻力：汽车制动时，车速迅速下降，空气阻力很小，可略去不计；当车轮卡住时，滚动阻力为零。

车速增高，制动距离增加很快，同时路面与轮胎的附着系数与制动距离直接相关。对于道路路面条件较差的地段或天气寒冷结有薄冰时，必须限制车速，缩短制动距离，保证行车安全。

（四）停车距离

停车距离是指驾驶员自发现前方道路有障碍物，意识到需要停车到车辆完全停稳所行驶的距离。因此，停车距离是反应距离与制动距离之和。

道路设计最重要的安全准则之一是驾驶员应有足够的视距以避免潜在的危险或碰撞事故。因此，在设计道路任何路段时，都必须保证驾驶员视距应大于或等于设计车速所要求的停车距离。

停车视距是指车辆以一定速度行驶中，驾驶员自看到前方障碍物时起，到达障碍物前安全停车为止所需要的最短行驶距离。需要注意，在同样的设计速度下，货车停车视距大于客车。

第二节　机动车交通流特性

一、宏观与微观交通流特征指标

由于机动车在道路上的流动与水流有相似之处，故称为交通流。机动车交通流特征指标可以分为两类：宏观特征指标——描述整批交通流的运行特征，特征指标包括交通流量或流率、速度、密度；微观特征指标——描述单个车辆或两三辆车构成的车队的运行特征，指标包括单个车辆的速度、前后车的车头时距、车头间距。

(一) 宏观交通流特征指标

1. 交通流量、流率

交通流量指在特定时间段内通过道路上一条车道或某一截面的车辆数，可分为年交通量（veh/y）、日交通量（veh/d）、小时交通量（veh/h）。

流率是在给定不足 1 h 的时间间隔（通常为 15 min）内，通过一条车道或道路指定截面的当量小时交通量。例如 15 min 内观测到的流量为 300 辆，则当量小时流率为 300/（15 min/60 min）= 1 200 veh/h。

2. 速度

速度是车辆通过某一特定路段的在行程时间内行驶的距离，即：

$$v = d/t \qquad\qquad 式 (2-2)$$

式中：

v ——速度（km/h 或 m/s）；

d ——特定路段的距离（km 或 m）；

t ——通过距离 d 的时间（h 或 s）。

交通流不是一辆车而是一批车辆，在运行过程中，每辆车的行驶速度都不一样。因此，交通流的速度不是一个值，而是一批车辆的平均速度，交通流平均速度分为两种：

（1）时间平均车速

在某一特定时间段内，通过道路某一截面的各车辆速度的平均值。车辆通过某一截面时的车速，亦称为地点车速或瞬时车速。因此，时间平均车速即截面上各车辆的地点车速的算术平均值。

（2）空间平均车速

某一特定时间内所有车辆经过一定长度路段的速度平均值。

时间平均车速可通过截面测定，而空间平均车速须在选定长度路段的上空用摄影、录像、"电子警察"摄像等设备测定。

一般情况下，空间平均车速低于时间平均车速，只有当路段上所有车辆以完全一样的速度行驶时，空间平均车速与时间平均车速相等。

3. 密度

密度是在单位长度（通常为 1 km）路段上，一个车道某一瞬时的车辆数，单位是 veh/km。根据定义，密度是瞬时值，不仅随时间变化而变动，也随测定区间的长度而变化。密度要用测空间平均车速的方法才能测得。密度可以衡量一辆车与其他车辆的接近程度，密度大直接影响驾驶自由度和舒适度，密度和速度组合会影响观测流量。因此，密度也是评价道路交通服务水平的重要指标。

4. 车辆轨迹时空分布图

车辆轨迹时空分布图是把某路段在某段时间内经过的所有车辆的行驶轨迹依次按照时间和空间的对应关系画在图上。通过车辆轨迹时空图，可以计算各时段或路段内的交通流量、速度和密度特征指标。

（二）微观交通特征指标

1. 车头间距

车头间距是在同向行驶的一列车队中，两连续车辆车头间的距离，常用车前保险杠或车前轮作为参考点进行测量。

2. 车头时距

车头时距是在同向行驶的一列车队中，两辆连续车辆车头通过道路同一个断面的时间间隔。

3. 平均车头时距与平均车头间距关系

如果一条车道的车流行驶稳定、车种单一、车速均匀，该车流的平均车头间距与平均车头时距的比值等于平均空间车速。

二、道路设施通行能力与服务水平

道路设施通行能力和服务水平是道路规划、设计、管理、运行控制等方面的基本参数，通常随道路等级、线形、交通管理、交通组成、环境条件的不同而发生变化。

(一) 通行能力概念

通行能力是指在一定的道路、交通、环境条件下，道路上某一断面在单位时间内能通过的最大车辆数（pcu/h）。

厘清通行能力、需求、流量之间的关系，可以更好地理解通行能力概念。需求是道路上某一断面在单位时间内期望能通过的车辆数（pcu/h）。当需求小于等于通行能力时，在道路某一断面单位时间内观测到的流量即为需求；当需求大于通行能力时，即出现拥堵，此时观测到的流量接近通行能力。道路某一断面单位时间内观测到的流量通常小于等于通行能力。

从规划、设计和运营的角度，通行能力可分为基本通行能力、实际通行能力和设计通行能力三种。

基本通行能力是指在理想的道路、交通、控制和环境条件下，在一定的时段内，道路的一条车道或交叉口一条进口道，期望能通过人或车辆的合理的最大小时流率。

实际通行能力也称为可能通行能力，是在具体的道路、交通、控制和环境条件下的通行能力。

设计通行能力是指对应一定设计服务水平的最大服务交通流率。

通行能力是道路交通的一个重要特征指标。影响通行能力的因素主要分为三类：道路条件、交通条件、控制条件。通行能力分析的目的在于：

①确定新建道路的等级、性质、主要技术指标和线形几何要素。

②用于交通运行分析，确定现有道路系统或某一路段存在的问题，针对问题提出改进方案和措施，为道路改建和改善提供依据。

③为制订交通组织、交通疏导、交通量均衡、交通总量控制和综合治理等交通系统管理方案提供依据。

④为制订交通控制方案的选择及设计等提供依据。

常用的获取通行能力方法有四类：

①根据实测交通流数据，结合交通流模型（如流量、密度与速度关系模型）拟合获得通行能力。

②根据图表法查出通行能力。

③根据理论公式如跟驰模型、最小安全车头时距等，推导通行能力。

④基于仿真模型，通过流量的加载获得通行能力。

（二）道路设施基本通行能力

1. 高速公路基本路段通行能力

高速公路基本路段是匝道影响区或高速公路交织区以外的高速公路路段。基本路段通行能力是指在通常的道路和交通条件下，该路段某一断面所容许通过的最大持续交通流率，统计间隔为 15 min 或 5 min，以 pcu/（h·ln）为单位。

（1）基本通行能力

根据自由流速度确定，按最小安全车头时距计算。

（2）实际通行能力

可通过实地观测获得，也可以结合实际道路和交通条件，对基本通行能力进行交通组成修正和驾驶员总体特性修正后计算得出。

2. 高速公路交织区段、匝道通行能力

高速公路交织区段是指行驶方向大致相同的两股或多股交通流，沿着相当长的路段，不借助交通控制设施进行交叉运行，当合流区后面紧跟着分流区，或当一条驶入匝道紧跟着一条驶出匝道时，并在二者之间有辅助车道连接的区域叫作交织区段。而匝道是指连接高速公路互通立交两主线间的一段短路段或进、出高速公路主线的一段通道。

（1）交织区段通行能力

交织区段通行能力指特定比例的交通流受交织区构型、长度和车道数限制及周边环境影响，相互交织作用后，能合情合理通过整个区域的最大小时流率。交织区构型指交织区进出口车道的连接形式，它决定了交织车辆完成交织行为所需的车道变换次数。

（2）匝道通行能力

匝道通行能力分析可按基本路段分析方法进行。

3. 一级、二级、三级公路路段通行能力

一级公路为供车辆分向、分车道行驶，可根据需要控制出入的多车道公路。

二级、三级公路是我国公路网中最普遍的公路形式，是供车辆分向、分车道行驶的公路。

一级、二级、三级公路路段基本通行能力根据自由流速度确定，实际条件下的通行能力可以通过对基本通行能力进行车道宽度和硬路肩宽度修正、方向分布系数修正、路侧干扰系数修正计算得到。

4. 交叉口通行能力

信号控制交叉口通行能力是交叉口各进口道通行能力之和，一般以小车当量单位计。

（三）道路设施服务水平概念

服务水平不是交通流特征指标，而是指道路使用者从道路状况、交通与控制条件、道路环境等方面可能得到的服务程度或服务质量。其评价指标由多项定性或定量指标组成。目前服务水平大体按下列指标划分：

①行车速度和运行时间。

②车辆行驶时的自由程度（通畅性）。

③交通受阻或受干扰的程度，以及行车延误和每公里停车次数等。

④行车的舒适性和乘客满意的程度。

⑤每车道每公里范围内车辆的最大密度。

⑥经济性（行驶费用）。

由于实际确定服务水平等级时，难以全面考虑和综合上述各个因素，通常针对每种道路设施，需要采用最能说明其运行质量的一项或几项运行参数来确定其服务水平。为了衡量道路为驾驶员、乘客所提供的服务质量，需要对服务水平进行分级。

（四）道路设施设计通行能力与服务水平分级

道路设施选取设计通行能力时，在兼顾节省建设经费和高效运营原则的基础上，通常设计服务水平不应低于三级或四级。城市快速路设计服务水平不应低于三级。高速公路和各级公路设计服务水平应符合表2-1。

表2-1 公路设计服务水平

公路等级	高速公路	一级公路	二级公路	三级公路
设计服务水平	三级	三级	四级	四级

1. 高速公路基本路段服务水平与设计通行能力

根据交通流状态，各级服务水平下的交通流状态描述如下：

（1）一级服务水平

交通流处于完全自由流状态。交通量小，速度高，车流密度小，驾驶员能自由地按照自己的意愿选择所需速度，行驶车辆不受或基本不受交通流中其他车辆的影响。为驾驶员、乘客提供优良的舒适度和方便性。较小的交通事故或行车障碍的影响容易消除，在事故路段不会产生停滞排队现象。

（2）二级服务水平

交通量较前增加，交通处在较好的稳定流范围内。驾驶员基本上可以按照自己的意愿选择行驶速度，但是要开始注意交通流内有其他使用者，驾驶员舒适水平比一级稍有下降，较小事故或行车障碍容易消除，在事故路段的运行服务情况比一级差一些。

（3）三级服务水平

交通流处于稳定流的上半段，车辆之间的相互影响变大，选择速度受其他车辆的制约，驾驶员舒适与便利程度有明显下降，较小交通事故仍能消除，但事故发生路段的服务质量大大降低，会形成排队车流。

（4）四级服务水平

交通流处于稳定流范围较差部分，车辆速度和驾驶自由度均受到明显限制，舒适与便利程度低下。交通量稍有增加就会导致服务水平的显著降低，即使较小的交通事故也难以消除，会形成很长的排队车流。

（5）五级服务水平

交通流处于不稳定范围，在交通拥堵流的上半段，接近或达到该水平最大交通量时，交通流的任何干扰，例如车流从匝道驶入或车辆变换车道，都会对交通流产生较大运行障碍，驾驶自由度、舒适便利程度非常低。

（6）六级服务水平

交通流处于不稳定范围，为强制流或阻塞流状态。这一服务水平下，车辆经常排队，跟着前面的车辆出现停停走走，可能在不同交通状态之间发生突变。

在不同的服务水平下，服务交通量是不同的。服务交通量是指在通常的道路条件、交通条件、控制条件和规定的服务水平下，道路的某一断面或均匀路段在单位时间内所能通过的最大小时交通量。通常，服务水平高的道路行车速度快，驾驶自由度大，舒适性与安全性好，但是其相应的服务交通量小；反之，允许的服务交通量大，则服务水平低。服务交通量不是一系列连续值，而是不同的服务水平条件允许通过的最大值，反映的是在某一特定服务水平下道路所能提供的疏导交通的能力极限，是不同服务水平之间的流量界线。

2. 高速公路交织区段、匝道服务水平

交织区段是指在高速公路上，不同流向的车流在一定长度的路段内通过变道来完成合流或分流的区域。交织区段的服务水平受多种因素影响，包括交通流量、交织流量比、自由流速度、交织区长度、车道数和交织构型等。服务水平的评价通常基于平均行驶速度、行驶时间、驾驶自由度和交通延误等指标。

匝道是连接高速公路主线和收费站、服务区或地方道路的辅助车道。匝道的服务水平通常根据车辆的运行速度和车流密度来评估。匝道的设计和交通管理对提高服务水平至关重要，因为它们直接影响到车辆进出高速公路的效率和安全性。

高速公路交织区段和匝道的服务水平是确保道路安全、高效运行的关键因素，需要综合考虑交通流量、道路设计、交通管理和驾驶行为等多方面的因素。通过对这些因素的深入研究和合理规划，可以显著提高高速公路的通行能力和服务水平。

3. 一级、二级、三级公路路段服务水平与设计通行能力

一级公路服务水平评价指标主要采用 V/C。由于二级公路和三级公路在路网中的功能有别，因此服务水平分级的评价指标也有所不同。二级公路是城市间的主要连接道路，或是连接高速公路的主要道路，通畅直达性要求较高，服务水平分级评价指标采用 V/C、行驶速度和延误率。三级公路主要连接小城镇，或作为农村道路，主要解决通达性，因此服务水平指标采用延误率。延误率指车辆在行驶过程中因不能超越前方慢车而必须跟驰的车辆数占全部车辆数的比例，通常定义为车头时距小于或等于 5 s 的车辆数占总交通量的百分比。

4. 城市快速干道服务水平与设计通行能力

衡量快速干道基本路段服务水平的主要指标为密度、平均速度、饱和度、最大服务交通量。

设计通行能力是指在特定的道路和交通条件下，单位时间内道路上某一路段能够安全、高效通过的最大交通流量。它是道路设计和规划的重要参数，确保道路在预期的使用年限内能够满足交通需求。

服务水平与设计通行能力密切相关。当实际交通流量低于设计通行能力时，道路通常能够提供较高的服务水平；而当交通流量接近或超过设计通行能力时，服务水平会下降，可能出现拥堵、延误增加等问题。

5. 交叉口服务水平

信号控制交叉口服务水平分级以通过交叉口每辆车的平均延误时间（s）为依据，因为在交叉口，车辆感受约束最大的就是时间延误。

第三节 行人与非机动车交通流特性

一、行人交通流特性

（一）步行交通特性

行人步行交通具有出行目的多元性和随机性的特点。步行既可以是有明确目的的单纯

交通通行行为，也可以是漫无目的的散步，或者是两者的结合，如购物或参观游览。不同出行目的下行人的步行速度、交通服务要求有显著差异。

（二）行人交通特征指标

为了理解行人在公路和城市道路上行走、停留过程中的安全设计和人性化设计需求，必须了解行人空间通行尺寸要求、步行速度、行人过街的等待时间、过街绕行阈值等关键指标。

1. 空间通行尺寸要求

人们行走时随着身体重心在两脚间转换，人体出现横向摆动，不带行李的标准行人行走横向宽度为 75 cm，轮椅推行时横向宽度为 100 cm。在行走过程中所需要的纵向空间由步幅区（生理需求）与感知区（心理需求）组成。通常平均步幅区长度为 64 cm，感知区主要受行人视觉、心理和安全感等因素影响，水平通道上以正常行走速度与舒适视觉角度前进，感知区取值应大于 210 cm。因此，舒适行走需要的通行空间为 2.2 m²/人以上。

人的通行空间是最能反映人员密集程度的指标，也是表达客流风险最直接的因素。目前对人群拥挤的安全密度尚无统一的标准。8～10 人/m² 是大多数人开始感觉到拥挤和不安的阈值，人群开始出现波动情况，有可能发生事故。

2. 步行速度

影响行人步行速度的因素有：行人个体因素，包括人种、年龄、性别、行动能力、健康程度等；出行因素，包括出行目的、路线熟悉程度、行李携带情况、出行距离等；行人步行交通设施因素，包括设施类型、坡度、安全出口等；环境因素，包括周围环境、天气条件和人流密度等。

在交叉口信号配时中，行人步行速度取值应具有可靠性，即保证 85% 的行人步行速度不低于该取值；应注意老年人步行速度取值，例如，上海老年男性的平均步行速度为 1.01 m/s，老年女性的平均步行速度为 0.96 m/s；同时，还应考虑适用于具有生理障碍的行人。

3. 行人过街的等待时间

行人过街的等待时间是行人过街的重要影响因素之一。行人等待时间包括：行人平均等待时间、行人最大等待时间、行人可忍受等待时间阈值。

（1）行人平均等待时间

是指一个信号周期内，所有行人等待时间总和与行人数的比值，也是行人平均延误时间。这一指标主要用于评价信控交叉口行人服务水平。

（2）行人最大等待时间

是指一个信号周期内，行人等待行人绿灯启亮所需的最长时间，等于信号周期时间与行人绿灯显示时间的差值。

（3）行人可忍受等待时间阈值

是指行人对等待时间存在一定的容忍限度，超过此限度行人会感到不适，甚至闯红灯过街。该时间限度即为行人可忍受等待时间阈值。当行人最大等待时间小于或等于行人可忍受等待时间时，认为行人基本能够按照信号灯色通行，行人交通流的可控性较好；反之，行人交通流的可控性较差，强行穿越机动车流的行人比例很高。

在交通流量较大的主支相交路口，行人最大可忍受等待时间为 90 s，超过此时间限值，行人过街处于不可控局面；安全岛上行人的最大可忍受等待时间为 50 s。

4. 过街绕行阈值

过街绕行距离指总步行距离减去直线距离。步行者由于体力、心理因素，对过街绕行距离存在一定的容忍限度，超过此限，步行者往往会铤而走险，该容忍限度即为过街绕行阈值。城市干路过街设施间距规划的约束因素包括：过街绕行阈值、道路等级、用地类型、慢行优先权。道路等级越低，慢行优先权越高，步行过街设施间距宜取小值。

在城市主干路和次干路的路段上，人行过街通道的间距宜为 250 ~ 300 m。在居住、商业等步行密集区域主干路过街设施间距不应大于 250 m，次干路过街设施间距不应大于 200 m；在工业园区等步行活动较少区域主干路过街设施间距不宜大于 500 m。

（三）行人交通流量、密度、速度关系

行人受环境限制的影响小，可以任意选择其行动方向，行人行进路线不像机动车道那样规则划分，按道行驶。因此，在大多数情况下行人无须也不可能像汽车交通那样以整齐的"队列"行进，而是在可能的空间内以不规律的方式"蛇行"或交错地向前运动。

在开放（没有明确边界）的人行道上，一旦出现拥挤，由于行人交通的随机性，行人可能会离开人行道而进入邻近车行道上行走。因此，开放人行道上行人的"流体"特征不显著，行人速度、密度及流量三个参数之间的关联性不强。

当众多行人个体出行目的明确一致，且同时在具有一定边界的步行空间通过时（如地铁站通道、楼梯内的客流），就形成了流动性、整体性较强的行人流。行人流在一定程度上可近似为可压缩的均质流，是行人交通流理论研究的重要目标。

1. 行人流量、密度、速度及行人占据空间

①行人流量：单位时间内通过某一断面的行人数，单位是人／（min·m）。研究流密速关系的单位观测时间可以是 30 s、1 min 或其他间隔。

②行人速度：指单位观测时间内行人的平均步行速度，单位是 m/s。

③行人密度：通道或楼梯单位面积上的平均行人数量，单位是人/m²。

④行人占据空间：通道或楼梯上每个行人的占用面积，单位是 m²/人，是行人密度的倒数，更适用于人行设施的分析。该空间的大小与人的活动有关，一般随步行速度的增加而增加。静态空间与动态空间具有相当大的差别。

静态空间应考虑以下三个因素：

①行人站立的空间需求（按照人体椭圆面积计算）。

②行人携带行李物品时的空间需求。

③感觉舒适的空间需求（考虑行人站立时的心理缓冲空间）。

动态空间应考虑以下三个因素：

①人群按照较理想的期望速度行走对应的空间要求。

②穿越或超越（横向、纵向）行人群的空间需求。

③行人舒适行走的空间需求（考虑心理缓冲空间）。

2. 速度-密度关系

通道行人流量、密度、速度三者之间的定量关系反映了行人流的宏观运行特性。由于行人流中每一个体总是根据其邻近其他个体的状态调整自身步行行为，因此，速度-密度关系是交通流三个参数中最重要、最本质的模型，刻画了不同密度条件下个体间相互作用的强度。流量-密度关系则描述了不同聚集密度下步行设施单位宽度在单位时间内的行人通过量，是确定设施通行能力与服务水平的重要依据。速度-流量关系反映不同流量条件下行人流可获得的平均行走能力（速度）。

和机动车宏观交通流特征类似，行人在固定宽度的路侧步行道或封闭通道内步行时，速度和密度也有相关关系：随着行人密度的增加，速度相应降低。

行人在步行通道上并非以均匀分布的方式行走，往往是通道中轴线附近的人流密度较高，而靠近两侧的人流密度较低（行人移动的"向心性"），从而导致通道两侧附近的人流速度高，中轴线附近的人流速度低。这种现象被称为行人流速度分布的边缘效应。

3. 速度-流量关系

当行人流量较少时，速度较高；而当流量增加时，速度降低。当流量超过通行能力时，由于行走空间受限，流量和速度均下降。由于行人对流量的敏感性低于密度，因此，速度随流量增加的变化幅度并不显著，在行人交通流中，"流量=密度×速度"并不完全适用。

（四）人行设施通行能力与服务水平

1. 基本概念

人行设施通行能力：某人行设施能够通过或容纳的最大行人数量，用单位时间通过的人数或单位面积容纳的人数表示。

人行设施服务水平：是评估行人活动空间的通行能力和舒适性的有效手段。服务水平分级主要基于行人自由选择期望速度与超越其他行人的能力，同时还衡量行人交通特有的一些属性，如穿越横向行人交通流的能力、与主要人流方向逆向行走的能力。

2. 人行设施基本通行能力

人行设施基本通行能力和设计通行能力如表 2-2 所示。

表 2-2　人行设施基本通行能力和设计通行能力

人行设施类型	基本通行能力〔人／（h·m）〕	设计通行能力〔人／（h·m）〕
人行道	3 300	2 800~3 000
人行横道（绿灯时间）	2 700	2 000~2 400
人行天桥	2 400	1 800~2 000
人行地道	2 400	1 440~1 640
车站、码头的人行天桥、人行地道	1 850	1 400

注：行人较多的重要区域设计通行能力宜采用低值，非重要区域宜采用高值。

二、非机动车交通流特性

（一）非机动车交通特征指标

非机动车包括人力驱动的自行车以及符合国家标准的有动力装置驱动的助动车和残疾人机动轮椅车等交通工具。因此，我国道路上的非机动车道，实际是人力驱动的自行车与由电力、燃油或燃气驱动的助动车的混行车道。

为了理解两种车辆在公路和城市道路系统中的安全设计和人性化设计的需求，必须了解它们的尺寸、骑行动态空间、骑行速度、动力特性以及非机动车绕行时空阈值等关键指标。

1. 非机动车尺寸

助动车、自行车车型尺寸如表 2-3 所示。

表 2-3　助动车、自行车车型尺寸

车型		车长（cm）	车宽（cm）	车高（cm）
小型车	轮式电动自行车	138～180	50～65	100～115
大型车	踏板式电动车及燃气（油）助动车	180～196	65～80	110～125
	26 型脚踏自行车	182	55～60	100
	28 型脚踏自行车	194	55～60	115

2. 骑行动态空间

自行车骑行者在路段上正常骑行时，横向动态宽度为 1.02m/辆，电动自行车横向动态宽度为 1.5 m/辆。

在不同速度下自行车动态占用道路面积有较大差异，自由流状态下当自行车骑行速度为 10 km/h 时，动态占用道路面积为 5.20 m²；当自行车骑行速度为 12 km/h 时，占用道路面积为 6.2 m²；当自行车骑行速度为 15 km/h 时，占用道路面积为 10.3 m²；当自行车骑行速度为 20 km/h 时，占用道路面积为 12.1 m²。

3. 骑行速度

（1）自行车

自行车的骑行速度同骑车人的体力、心情和意志的控制有关。影响自行车骑行速度的其他因素有：自行车类型、自行车道路的路面类型、道路坡度以及自行车道上与其他车辆或行人混行的情况、天气情况。纵坡度为 1% 时，青壮年骑车者上坡速度为 10～15 km/h；纵坡度为 2% 时，上坡速度为 7～12 km/h；纵坡度为 3% 时，上坡速度约为 5 km/h。

（2）电动自行车

电动自行车的行驶速度与道路条件、交通状况、车辆状况，骑行人身体平衡的掌握、心情，天气、环境等因素有密切关系。

电动自行车最高时速不超过 25 km，质量（重量）不大于 55 kg。电动自行车应当在非机动车道内行驶，最高行驶速度不得超过 15 km/h。

目前的电动自行车在有限速装置的情况下，最高速度可以达到 25 km/h，拆除限速装置后速度可以达到 35 km/h 以上。因此，路段上自行车和电动自行车的平均运行速度差别显著。自行车、电动自行车运行速度都近似呈正态分布，自行车的速度范围较电动自行车集中。

4. 动力特性

（1）自行车

普通自行车行进时的动力是由骑行者自身提供的，成年男子付出的功率约为

0.22 kW。若持续蹬车 30 min 以上，成年男子只能付出 0.15 kW，成年女子能够付出的平均功率约为男子的 70%。行驶时间越长，骑车人所发挥出的功率越小，速度越慢，所以普通自行车不适合用于远程交通。

山地自行车可以通过变速系统来调整骑行者踩踏出力和轮胎扭力之间的转换，以及踩踏数与骑行距离的比例，使得山地自行车能够适应不同环境，达到骑行的耐久性与舒适性。山地自行车在平地行驶速度可以达到 40 km/h 以上。

（2）电动自行车

电动自行车的动力来源为蓄电池。目前，国内电动自行车电池电压一般为 36 V，一般充电器功率为 300 W 左右，一次充电后的续行里程为 25 km，适宜中长距离的骑行。

制动距离由制动迟滞距离、制动距离组成，制动距离包括滚动距离和抱死滑动距离。电动自行车以最高车速 20 km/h 骑行时，干态制动距离应不大于 4 m，湿态制动距离应不大于 15 m。这是一个保证骑行安全的关键指标。制动效能相同的电动自行车，车速越高，制动距离越长。

制动迟滞距离、抱死滑动距离与重量无关，滚动距离与重量相关。电动自行车配重增加 8 kg，制动距离平均增幅为 2.09%；配重增加 16 kg，制动距离平均增幅为 4.06%，制动距离均在标准允许的范围内。由制动距离的理论分析和试验可知：对于低速运动的电动自行车，适度增加整车重量对制动距离影响轻微。

5. 非机动车绕行时空阈值

囿于体力、心理因素，骑行者对绕行时间与距离存在一定的容忍限度，该容忍限度即为非机动车绕行时空阈值。非机动车绕行时空阈值应作为城市干路机非分流规划的约束指标，为机非分流中骑行者的时空损失画定"底线"。

自行车、助动车的绕行时空阈值亦有不同，前者可接受的绕行时间略长些，后者可接受的绕行距离略远些。

（二）非机动车交通流量、密度、速度关系

非机动车流具备一般的交通流特性，但密度、流量、速度之间的关系与机动车流有区别。

1. 流量、密度、速度

（1）非机动车流量

单位时间间隔内通过某一观测断面单位宽度的标准自行车的车数（即自行车数与换算过的助动车数之和）。研究流、密、速关系时的单位观测时间单位可以是 30 s 或 1 min。

（2）速度

指单位观测时间内非机动车的空间平均车速，单位 m/s。

（3）密度

某一瞬间单位面积车道上的非机动车车辆数，单位为辆/m²。自行车在路段上正常行驶时一般占用道路面积为 4~10 m²，密度为 0.1~0.25 辆/m²，但在交叉口停止线前拥挤堵塞时，其密度很大，观测的自行车密度平均值为 0.63 辆/m²。

2. 自行车换算系数

自行车换算系数（Bicycle Equivalents，简称 BE）定义为，以自行车为标准车，在特定道路、交通和管理条件下一辆电动自行车可以被等效替换的自行车辆数。

在一段时间内，交通设施的时空资源是稳定的，交通设施能够服务的车辆数取决于车辆的时空占用率。

由于非机动车在道路上横向移动频繁，穿插行驶，在车辆长度方面，电动自行车与自行车在行驶时占用的车道空间差距不是很大，而宽度与自行车有区别，因此只考虑车宽因素对占用道路面积的影响。

自行车换算系数的研究目前还处于起步阶段，通过对比不同地点 BE 数值发现：

①BE 随密度的增加而增大。自由流状态，BE 值为 0.55~0.75；稳定流状态，BE 值为 0.70~1.09；拥挤流状态，BE 值为 0.86~1.13。

②BE 随电动自行车比例的增加而增大。

③BE 受车道坡度和宽度的影响，有下坡路段的 BE 较水平路段的大。BE 随非机动车道宽度增大而减小。

3. 非机动车流密速三个参数关系

没有电动自行车混入时，非机动车道自行车流的速度总是分布在接近期望车速的范围内，且与流率、密度无关，而速度的离散程度随着密度的增大而减小。

由于非机动车流压缩性大，且很少出现拥挤的情况，路段行驶时一般不会出现类似机动车速度–密度关系中堵塞密度下车速几乎为零的状态，路段车流速度–密度、速度–流量及流量–密度关系均是单调的。自由流时混行非机动车辆速度的离散性大于纯自行车流，在自由流状态下混行非机动车的车速总是分布在某一期望车速附近；随着密度增加，车辆间相互干扰加剧，车速的离散程度降低。在高密度或高流量状态下，混行非机动车速度与密度、流量呈负相关关系，即随拥挤程度增加（密度、流量增大），混行非机动车速度逐渐降低。混行非机动车流量与密度呈明显的线性关系。

（三）非机动车道通行能力与服务水平

1. 非机动车道通行能力

非机动车道通行能力，即单位时间间隔内通过非机动车道某一观测断面单位宽度的最大标准自行车数。

国内对于无混行的非机动车道单车道的设计通行能力建议值基本小于 2 000 辆/（h·m），其中受交叉口影响的路段设计通行能力一般推荐值为 800~1 200 辆/（h·m）。

获取非机动车道通行能力的方法主要有三类：第一类是通过安全间距理论计算得到的理论通行能力；第二类是根据实际调查得到最大流率；第三类是通过计算机仿真方法获得单位时间内的最大流率并转换为通行能力。

2. 非机动车道服务水平

不同国家关于非机动车道的服务水平分级结果存在显著差异，因为非机动车交通流服务水平不仅受交通内部因素（如流量、密度和速度等）的制约，同时还受诸多外部环境因素（如气候、遮阳、路面质量、有效通行宽度等）的影响，且这些外部因素对自行车出行者感受到的服务品质影响相对较大。因此，非机动车道服务水平分级，需要考虑更多的环境因素对非机动车骑行者的影响。

第三章 道路通行能力分析

第一节 道路和道路路段通行能力

一、道路通行能力和服务水平

道路的通行能力和服务水平从不同的角度反映了道路的性质与功能，通行能力主要反映道路服务数量的多少或能力的大小，服务水平主要反映了道路服务质量或服务的满意程度。严格地说，没有无通行能力的服务水平，也没有无服务质量的通行能力，两者是不能分开的。

（一）道路通行能力概述

1. 基本概念

道路通行能力是道路能够疏导或处理交通流的能力。我国常定义为：道路通行能力是指道路上某一点某一车道或某一断面处，单位时间内可能通过的最大交通实体（车辆或行人）数，亦称道路通行能量，用"辆/h、辆/d 或辆/s"或"人/h、人/d"表示。车辆多指小汽车，当有其他车辆混入时，均采用等效通行能力的当量小客车（pcu）为单位。在公路方面，高速公路与各级公路上的汽车均采用小客车为基本单位，其他车辆均换算成当量小客车，城市道路方面，各种汽车采用小客车为单位，其他车辆均换算为当量小客车。

通行能力是指所分析的道路、设施没有任何变化，还假定其具有良好的气候条件和路面条件下的通过能力，如条件有任何变化都会引起通行能力的变化。总之，道路通行能力不是一个一成不变的定值，是随其影响因素变化而变动的疏解交通的能力。

2. 影响因素

上述通行能力定义均系在某种前提或理想条件下的道路通行能力，而实际情况下的道路交通条件是千差万别的，影响道路通行能力的因素很多，现归并为以下四条：

（1）道路条件

指街道或公路的几何条件，包括交通设施的种类、性质及其形成的环境，每个方向车道数、车道和路肩宽度、侧向净空以及平面纵面线形等。

（2）交通条件

指使用道路的车辆的交通流特性设计速度，客车、货车、大车、小车、长途、短途等交通组成和分布，车道中交通流量、流向及方向分布等。

（3）管制条件

指道路管制设施装备的类型，管理体制的层次，交通信号的位置、种类、配时等影响通行能力的关键性管制条件，其他还有停车让路标志、车道使用限制、转弯禁限等措施。

（4）其他条件

影响道路通行能力的其他因素包括气候、温度、地形、风力、心理等。

3. 道路通行能力的作用

道路通行能力是道路交通特征的一个重要方面，也是一项重要指标，确定道路通行能力是道路交通规划、设计、管理与养护的需要，也是道路交通工程技术经济管理人员的一项重要任务，同时也是解决以下诸课题的基础和依据：

①通过道路通行能力和设计交通量的具体分析，可以正确地确定新建道路的等级、性质、主要技术指标和线形几何要素。

②通过对现有道路通行能力的观测、分析、评定，并与现有交通量对比，可以确定现有道路系统或某一路段所存在的问题，针对问题提出改进的方案或措施，作为老路或旧街改建的主要依据。

③道路通行能力可以作为铁路、公路、水运、空运等各种方式的方案比选与采用的依据。

④根据道路某一路段通行能力的估算，以及对路况及交通状况分析，可以提出某一地段线形改善的方案。

⑤道路通行能力可作为交通枢纽的规划、设计改建及交通设施配置的依据，如交叉口类型选择和信号设施的设计装备等。

⑥道路通行能力可以作为城市街道网规划、公路网设计和方案比选的依据。

⑦道路通行能力可以作为交通管理、运营、行车组织及监控方式确定或方案选择的依据。

4. 道路通行能力的类别

①较长路段畅通无阻的连续行驶车流的通行能力，一般称为路段通行能力，它是所有道路交通系统都必须考虑的。

②在有横向干扰条件下，时通时断、不连续车流的通行能力，如具有平面信号交叉口的城市道路的通行能力。

③在合流、分流或交叉运行状态下的通行能力，如各类匝道、收费口及其附近连接段的通行能力。

④交织运行状态下的通行能力，如立体交叉的各类匝道、常规环道上车流的通行能力。

（二）道路服务水平概述

1. 服务水平概念

服务水平是指道路使用者从道路状况、交通与管制条件、道路环境等方面可能得到的服务程度或服务质量，如可以提供的行车速度、舒适度、方便性、驾驶人的视野以及经济安全等方面所能得到的实际效果与服务程度。不同的服务水平允许通过的交通量称之为服务流率或服务交通量。服务等级高的道路车速快，延误少，驾驶人开车的自由度大，舒适与安全性好，但其相应的服务交通量就小；反之，允许的服务交通量大，则服务水平低。目前服务水平大体按下列指标划分：

①行车速度和运行时间。

②车辆行驶时的自由程度（通畅性）。

③交通受阻或受干扰的程度，以及行车延误和每公里停车次数等。

④行车的安全性（事故率和经济损失等）。

⑤行车的舒适度和乘客满意的程度。

⑥最大密度，每车道每公里范围内车辆的最大密度。

⑦经济性（行驶费用）。

然而，由于实际确定服务等级时，难以全面综合考虑上述诸因素，所以往往仅以其中的某几项指标作为代表。如把行车速度及服务交通量与通行能力之比，作为路段评定服务等级的主要影响因素。同时，由于这几项指标比较容易观测，而且车速和服务交通量也同其他因素有关，所以取此三者作为评价服务水平的主要指标是有一定根据的。

同时，也因评价设施的性质和车辆运行情况的不同而异，如评价信号交叉口采用每辆车的平均延误时间（s/辆），无信号交叉口采用储备通行能力，市区干路采用平均行程速度等作为主要服务水平评价的依据。

2. 道路服务水平分级

服务水平也称服务等级，是用来衡量道路为驾驶人、乘客所提供的服务质量的等级，其质量可以从自由运行、高速、舒适、方便、安全满意的最高水平，到拥挤、受阻、停停开开、难以忍受的最低水平。服务等级各国划分不一，一般均根据各国的道路交通的具体条件划分为 3~6 个服务等级。我国采用 V/C 来衡量拥挤程度，作为评价服务水平的主要指标，同时采用小客车实际行驶速度与自由流速度之差作为次要评价指标，将服务水平分为六级，分别代表一定运行条件下驾驶员的感受。其相应的服务水平与运行状态应为：一级处于完全自由流状态；二级处于相对自由流状态；三级处于稳定流上半段；四级处于稳定流范围下限；五级为拥堵流的上半段；六级为拥堵流的下半段。

二、道路路段通行能力

按照交通流运行特性的变化，可将快速路和高速公路分为基本路段、交织区和匝道及通道连接点三个部分，按道路结构物造型分为路段、交叉口和匝道，按车辆运行形态不同，则有分流、合流、交织与交叉等，现行惯例均按基本路段、交织、匝道和连接处四个部分进行分析，城市则按路段和路口两个部分进行分析。所谓基本路段指道路不受匝道立交及其附近合流、分流、交织、交叉影响的路段，它是道路的主干和重要组成部分。

（一）基本通行能力

基本通行能力（或称理想通行能力）是指道路与交通处于理想情况下，每一条车道（或每一条道路）在单位时间内能够通过的最大交通量。

作为理想的道路条件，主要是车道宽度应不小于 3.65 m（我国公路则定为 3.75 m），路旁的侧向余宽不小于 1.75 m，纵坡平缓，并有开阔的视野、良好的平面线形和路面状况。

作为交通的理想条件，主要是车辆组成为单一的标准型汽车，在一条车道上相同的速度，连续不断地行驶，各车辆之间保持与车速相适应的最小车头间隔，且无任何方向的干扰。

在这样的理想条件下，建立的车流计算模式，所得出的最大交通通过量，即基本通行能力（C）。

此外，还有实际观测各种道路交通条件下一条车行道的流量，通称实测法；用秒表观测单行道路口的车头时距，通称时距法；还有模拟、模型等，很多方法可推求一条车道理想条件下的最大通过量。

（二）实际通行能力

实际通行能力（$C_实$）是指已知道路设施在实际的道路交通与控制条件下，该路的某车道或断面上的特定时间段内（常为 15 min）所能通过的最大车辆数，通常以 pcu/h 表示；在混合交通的路上，通行能力以实际车辆（辆/h）计。

1. 概述

我国规范对不同等级的公路采用的修正指标不同。例如，一般公路通行能力的修正，主要考虑行车道宽度、方向分布、横向干扰、交通组成四项，而道路地形、街道化程度在自由流速度影响中予以考虑，在通行能力计算时就不再列入；高速公路通行能力的修正只考虑行车道宽度左侧路肩宽度与交通组成。各个国家根据自己的国情和交通实况，对不同等级的道路选用不同的修正项目是一种发展的趋势。各国所定的基本通行能力指标比较接近，而实际通行能力因国情不同，认识不同，修正的因素不同，相差较大。

实际通行能力：$C_{实} = C \times$ 宽度修正 $\times$ 重车修正 $\times$ 纵坡修正。

2. 影响通行能力的修正系数

（1）道路条件的修正系数

道路条件影响通行能力的因素很多，不能一一修正，只能选择其影响大的主要方面予以修正。

①车道宽度修正系数。国内外研究人员通过对道路宽度影响通行能力的实际观测，均一致认为，当车道宽度达某一数值时，其通过量能达到理论上的最大值；当车道宽度小于该值时，则通行能力降低。我国规定为 3.75 m。

②侧向净空受限的修正系数。侧向净空受限是指车道外边缘至路侧障碍物（护墙、桥栏、挡墙、灯柱、交通标志立柱、临时停放的车辆等）的横向距离，当侧向净空小于某一数值时（理想条件规定的数值）会使驾驶人感到不安全，从而降速、偏离车道线，使旁侧车道利用率降低。故当侧向净空不足时，应予以修正。

③纵坡度修正系数。道路纵坡的大小对行车速度有很大的影响，特别是对于载重货车、拖挂车，当纵坡越大，车速降低越多，通行能力也随之降低。国外均以小汽车为标准车型，由于小汽车储备功率大，当纵坡小于7%时，车速降低很少，因而可不予修正。但我国当前在城市道路上行驶的车辆中仍有部分大客车和货车，这些车辆在坡道上行驶，车速会降低很多，因此应予以修正。

坡度大小和坡道长短对车速和通行能力均有影响，故两者应同时考虑。美国的修正方法有两种；一是当量法，即将一辆载货汽车换算成多少辆小汽车，然后用小汽车的当量值来计算；二是采用上坡时的最大车流量与平坡的最大车流量进行对比的百分数来表示，这样算得的百分数即为纵坡的修正系数。

④视距不足修正系数。道路线形的几何要素应满足设计车速的条件，但由于客观原因视距不足，往往不能满足行车要求，特别是超车的要求。平曲线或竖曲线路段，可按其占道路全长的百分数进行修正。视距不足的路段越长，则其影响越大。视距不足的修正，只适用于双车道道路。

⑤沿途条件修正系数。沿途条件是指道路两旁街道化程度和横向干扰，由于道路两侧有建筑物，常产生行人和非机动车流对汽车的干扰，从而迫使汽车降速和通行能力降低。攻关组将街道化程度列于对速度的影响，而将横向干扰列入对计算的通行能力的影响予以修正。

（2）交通条件修正系数

交通条件的修正主要原因是由于车辆的组成，特别是混合交通情况下，车辆类型众多，大小不一，占用道路面积不同，性能不同，速度不同，相互干扰大，严重影响了道路的通行能力。为了使不同类型的车辆换算为同一车型，一般根据所占道路面积和行车速度的比值进行换算，也有用平均车头时距的比值进行换算。

（三）规划（或设计）通行能力

设计通行能力或称规划通行能力，是指道路根据使用要求的不同，按不同服务水平条件下所具有的通行能力，也就是要求道路所承担的服务交通量，通常作为道路规划和设计的依据。只要确定道路的实际通行能力，再乘以给定服务水平的服务交通量与通行能力之比，就可得到规划（设计）通行能力。

第二节　交织区与高速公路通行能力

一、交织区与匝道通行能力

（一）交织区通行能力

良好的交织区设计和组织管理，有助于降低或消除交通留在交织区处可能产生的瓶颈影响，使道路上的车辆更加安全、高效地运行，从而提高整个道路系统的通行能力和服务水平。

1. 概述

由于交织区车流运行方向不完全相同，车流相互交织，操作复杂，所以交织区车辆运行速度一般较低，车头时距也较正常路段上稍大，通行能力降低成为制约道路系统通行能力的瓶颈。

（1）交织运行特征

所谓交织，是指行驶方向大致相同而不完全一致的两股或多股车流，沿着一定长度的路段，不借助于交通控制与指挥设备，自主进行合流而后又实现分流的运行方式。

道路上一个进口紧接着一个出口或多个出口，以及多个进口紧接着一个出口或多个出口，这种现象在公路上或城市道路上是随处可见的。

交织段设计得好坏，对道路设施作用的发挥至关重要。

（2）交织区长度

从入口段三角端部宽0.6 m处至出口三角端宽度3.6 m处之间的一段距离称为交织区长度（图3-1）。这是一个重要的构造参数，是交织区有关设施设计的一个重要项目。它限制了驾驶人完成转换车道或转向操作的时间与空间范围，对能否顺利地实现车辆交织起着重要作用。

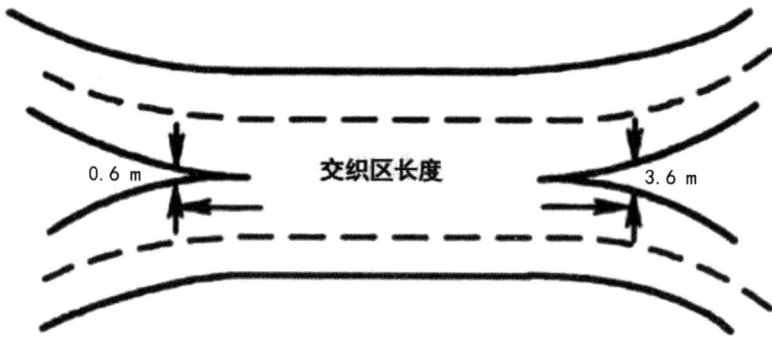

图 3-1　交织区段运行示意图

交织区长度不应小于50 m也不应大于600 m，太短则操作困难，速度降低太大；太长则费用太大，且进出口之间的交织运行与操作过分分散，紧迫性不明显，车流不具备交织特点。

（3）交织区类型

我国高速公路和城市干路上的交织区类型，据研究人员的调查，主要可划分为两类，如图3-2所示，其中，Ⅰ类交织区进出口之间设一条辅助车道相连接，在出口处不再增加车道，不考虑进、出口的车道平衡的问题，此类交织区在我国现有道路系统中较多；Ⅱ类交织区的进、出口之间有辅助车道相连，且出口处增设一条车道，实行进、出口车道平衡，即出口车道数总和比进口车道数总和多一条。这种类型的交织区在现有公路上出现较少，以后如出现其他类型的交织区，也应分析归纳列出。

图 3-2 交织区类型

（4）交织区运行特性

交织区的车流运行关键在于车辆运行的交织操作，它影响到行驶车速、车头时距以及行车安全等问题。交织长度与交织断面车道数是交织运行效率的两个主要参数，另外，随着交织流量增加，操作困难，速度大降，时距大增，会导致交织区运行效率的下降。

2. 交织区服务水平

评价交织区运行质量的因素有密度、流速和服务流率，但重要因素为行车密度和 V/C，交织区服务水平可分为四级。

一级服务水平代表不受限制的行驶，交织车辆对其他车流没有影响，交织时只须略微调整车速即可平稳地实现。

二级服务水平代表交织过程中，合流车辆要插入相邻车道间隙，须调整车速，分流车则可不受干扰，直行车辆也不会受到很大影响，通常行驶时车流稳定顺畅。在进口车流密集时，可能会出现排队，分流区也可能会出现减速。

三级服务水平代表所有交织车辆必须经常调整车速以避免冲突，分流区附近有明显的减速，实现交织是有困难的，有时引起紊乱，甚至影响相邻车道。

四级服务水平代表以通行能力运行，交织运动明显引起混乱，但未造成整个断面车辆排队，进口处车队明显，如有任何微小的突发事件都会引起交织区堵塞，使全部车流只能走走停停，车辆运行很不稳定。

（二） 匝道通行能力

匝道是联系于不同高程上两交叉线路，供两线路车辆实现方向转换的连接道路，长度较短，一般有一个入口和一个出口，线形变化较大且常有纵坡和小半径的转弯，通行能力较正常路段稍低，因此匝道设计要尽可能提高车速和通行能力。

1. 匝道的形式、类型

匝道有多种形式，但就设计目的与功能而言，其基本形式为右转匝道与左转匝道；就特殊形式而言，有定向匝道和对角线匝道，有单向单车道和单向双车道，亦有采用双向双车道的形式，而复杂型立体交叉则可能有更多种不同组合形式的匝道。

考虑匝道车辆的运行特征，有出入口车辆的运行及在匝道上的运行，包括分流运行、合流运行与交织运行，亦有加速运行，减速运行，上坡、下坡运行，小曲线甚至反向曲线的运行。所以，匝道上车辆行驶状况比较复杂，故单向单车道匝道不允许超车，单向双车道匝道上可以超车，但对于有分隔带的双车道匝道也不准许超车。

2. 匝道服务水平

服务水平评价的因素很多，一般选用对本设施影响最大的几项因素作为服务水平等级划分的指标。对匝道服务水平，国内均选用车流密度作为基本依据，并划分为四个等级的服务水准。

一级服务水平，代表不受限制或受限制较小的交通流，车流密度小，车辆在通畅条件下行驶，不存在或只有较小的相互干扰，基本上处于自由流状态，以接近于自由流速度行驶。

二级服务水平，代表车辆成队行驶，但相互间的车头时距较大，车流状态处于部分连续，排队车辆比重很小，速度较快，匝道上车辆对加减速车道及高速公路主线上的交通运行基本无影响。

三级服务水平，虽基本处于平稳状态，但在接近流量上限时的小变化，将导致运行质量的大变化，车头时距进一步减小，如有低速车出现，后继车辆会受很大影响，车流运行速度将明显下降，匝道上车辆对加减速车道及高速公路主线上的交通运行也有一定的影响。

四级服务水平，车速进一步降低，车辆排队长度超出匝道范围，交通量接近或达到通行能力，即使流量很小的变化，也会严重影响整个匝道的运行质量，车流状态为饱和流，匝道上车辆对加减速车道及高速公路主线上的交通运行有较大的影响。

二、高速公路与匝道连接处通行能力

（一）概述

由于高速公路与匝道连接处产生分流与合流运行，造成车辆变向变速交织，故车辆进出匝道与高速公路须相互协调配合，必然要影响运行车速和交通安全。而连接处为匝道的重要组成部分，它的通行能力决定了匝道和高速公路进出口的通行能力，是一个关键部位。一般所称匝道与高速公路连接处的通行能力，是指高速公路分、合流点处导引与疏通交通流的能力，它关系到高速公路外侧车道与进出口的正常运行。连接处的主要形式按相互关系来分有独立式与非独立式两种。独立式是指分流点上游980 m 范围内没有分、合流点，合流点上游 610 m 范围内没有分、合流点。当分、合流点与相邻的分、合流点间距大于上述范围则为独立式分、合流点，可以单独进行通行能力与服务水平分析。

（二）分、合流点车流运行特征

在分流点处，车辆分离运行，会影响到高速公路主线上的车流正常运行。车辆分流过程中，首先是变换车道的过程，在车辆分流区范围内，离开原车道的车辆必须逐步从内侧车道向外侧车道移动。随分流点的接近而变换车道的比重大大增加。由于分离运行对最右侧车道正常交通流产生很大的影响，故分流点的交通运行必须考虑上游单向的总交通量与最右侧车道交通流量之间的关系及相互影响。

合流车辆绝大部分汇合于主线右侧车道，故右侧车道受影响最大，经过右侧车道逐步转移到速度较快的中间或内侧车道，在合流区范围内，留在最右侧车道的车辆逐步减少。

根据国内外理论分析与实际观测，分、合流点通行能力的主要相关因素为：匝道交通量 V_r，驶入匝道上游主路单向交通量 V^f，主路单向最大交通量 V_f，与相邻上游和（或）下游匝道的距离 D_u、D_d，相邻上游和（或）下游匝道的交通量 V_u、V_d，及匝道的形式（驶入匝道或驶出匝道等）。

一般分析计算连接处通行能力时，要分析三个关键交通量，一是汇合交通量 V_m，它是相互汇合车流交通量之和（veh/h）；二是分离交通量 V_d，是即将分离或分流的交通量（veh/h）；三是主线交通量 V_f，是匝道与高速公路连接处最大的主线单向交通量，即分流点上游或合流点下游高速公路单向交通量（veh/h）。

（三）车道分布、车辆换算与服务水平分析

1. 车道分布与车辆换算

最右侧车道上大型车交通量占单向车行道上总交通量的百分率与主线单向交通量的关系，是计算最右侧车道小客车当量交通量的重要关系之一。若求得最右侧车道中大型车交通量大于或等于最右侧车道的交通量时，则仍用最右侧车道的交通量，不过全部应按大型车计算。

大中型与特大型车换算为小型车的 PCE，大中型车为 1.5（PCE），特大型车为 3.0（PCE）。由于特大型车比重较小，有时均以大中型车进行换算。

2. 服务水平分析

分、合流点服务水平主要根据 V_m、V_d 与 V_f 三个检验点交通量的大小来确定，分三个等级。一级服务水平，车流处于不受约束的自由流运行状态，汇入与分离车辆对主线过境车流干扰很小，交通流一般稳定和流畅；二级服务水平，初期依然是稳定流，驶入匝道流

量较大时还会形成车队，分离区车速也会有所降低，一般不会排队现象，在运行后期也可能出现难以流畅汇入，分离区附近车速降幅较大；三级服务水平，流量接近通行能力，汇入行为对其他车辆产生很大的扰动，驶入匝道上形成车队，分离车辆速度降幅很大，甚至会走走停停，合流点上游可能产生很大的交通延误，交通流极不稳定，常处于接近饱和流和强制流交替运行的状态。

第三节　平面交叉口与自行车道通行能力

一、平面交叉口通行能力

（一）概述

两条或两条以上的道路在同一平面相交称为平面交叉，两条不同方向的车流通过平交路口时产生车流的转向、交汇与交叉，平交路口可能通过此相交车流的最大交通量就是平面交叉口的通行能力。

平交路口的通行能力不仅与交叉口所占面积、形状，入口引道车行道的条数、宽度、几何线形或物理条件有关，而且受相交车流通过交叉口的运行方式、交通管理措施等方面的影响，因此，在确定通行能力时，要首先确定交叉口的车辆运行和交通管理方式。

1. 分类

一般可分为三大类，第一类为不加任何交通管制的交叉口，第二类为中央设圆形岛的环形交叉口，第三类为设置色灯信号交叉口。

目前，交叉口通行能力计算在国际上并未完全统一，即使是同一类型的交叉口，其通行能力计算方法也不一样，世界各国都有自己的一套计算方法，其中以美国应用的方法最为广泛。

2. 不同车型间的车辆换算系数

在混合交通流中，交通组成复杂，各种车型不仅所占道路空间不同，其行驶性能也相差很大，相互间的干扰严重。在进行交通量分析和交叉口通行能力计算时，均须按通行能力的当量进行换算，把混合车流中各种车型换算成标准车型或某一车型的当量交通量，其当量的比值称之为车辆换算系数。

交叉口的换算系数不同于路段，路段可用连续运行中车辆的临界车头时间间隔之比换算，而交叉口则不同。信号交叉口往往要停车而后启动，所以信号交叉口的车辆换算系数通常采用停车启动时连续车流中各类车辆通过断面线的时间间隔之比作为换算依据。而环形交叉口是采用各类车辆交织或穿插所需的临界间隔时间之比，即不同类型交叉口应采用不同的换算系数。

（二）无信号管制的交叉口通行能力

不设信号管制的交叉口大致可分为两大类，一是暂时停车方式，二是环行方式。而暂时停车方式的交叉口又可分为两面停车和四面停车两种。

四面停车是用于同等重要的道路相交的路口，不分优先与非优先（即主干路与次干路），所有车辆至交叉口均须停车而后通过。两面停车通常用于主干路（优先方向）与次干路相交（非优先方向），主干路可优先通过，次干路上车辆一律停车待行，等待优先通行方向交通流的间隙通过或合流。

（三）环形交叉口的通行能力

1. 概述

环形交叉口是在几条道路相交的交叉口中央，设置圆岛或带圆弧形状的岛，使进入交叉口的所有车辆均以逆时针方向绕岛行驶，其运行过程一般为先在不同方向汇合（合流），接着于同一车道先后通过（交织），最后分向驶出（分流），可避免直接交叉、冲突和大角度碰撞，其实质为自行调节的渠化交通形式。其优点为车辆可以连续行驶、安全，无须管理设施，平均延误时间短，很少制动、停车，节约用油。缺点为占地大、绕行距离长，当非机动车和行人过多及有直向行驶的电车时不宜采用。

2. 分类

环形交叉口按其中心岛直径的大小分为以下三类。

（1）常规环形交叉口

其中心岛为圆形或椭圆形，直径一般在25 m以上，交织段长度和交织角大小有一定要求，入口引道一般不扩大成喇叭形，现在我国各城市的主要环形交叉口均属此类。

（2）小型环形交叉口

其中心岛的直径小于25 m，引道入口处适当加宽建成喇叭形，使车辆便于进入交叉口，此类环形交叉口为英国所常用，其优点是可以提高环形交叉口的通行能力，少占用地。我国有些城市也有这类小型环形交叉口，如福州的南门兜小环。

（3）微型环形交叉口

多为三路或四路相交，其中心岛直径一般小于4 m，不一定做成圆形，也不一定非高于路面不可，可以用白色涂料画成圆圈，或做成不同颜色，主要起引导与分隔作用。此外，还有双环形交叉、引道错位环形交叉口、按让路原则设计的环形交叉口、多岛式环形交叉口和双向行车环形交叉口等。

我国不少城市，如长春、沈阳、哈尔滨、大连、南京、长沙、广州等，均曾有不少环形交叉口，担负过繁重的交通运转任务，使用效果一般均很好。特别是结合城市的规划布局，其作为小区中心、城乡接合处在解决复杂畸形交叉方面起了巨大作用，但是交通量过大就无法适用，且在管理方面难以控制。

（四）信号交叉口机动车的通行能力

1. 概述

交叉口信号由红、黄、绿三色信号灯组成，用以指挥车辆的通行、停止和左右转弯，随信号灯色的变换使车辆通行权由一个方向转移到另一个方向，根据信号周期长度及每个信号相位所占时间的长短，可以计算出交叉口的通行能力。大、中城市街道交通繁忙的平面交叉口一般都设置信号灯管制交通，因此信号交叉口的通行能力与信号控制设计有密切关系。

2. 信号交叉口的运行特征

交叉口是两条以上道路相交的区域，车辆由此通过并转换方向，其运行路线必须相互交织或交叉，加上由信号灯控制，指挥车辆前进、停止或转变方向，这就不可避免地要减速、制动、停车或启动、加速、转向，同时还由于红灯周期性地出现，所以必然导致停车等候和时间损失。

直行车辆过交叉口的时间损失为平均每辆车 20~40 s，其中 50% 车辆无损失，30% 车辆损失 50 s，20% 车辆损失 10 s；左转车每辆损失时间为 30~50 s，平均为 38 s，其中 30% 的车辆损失时间超过 50 s，10% 车辆损失在 10 s 以下；右转车辆时间损失为 10~20 s，平均为 15 s。当然这个数字将随各交叉口的交通量的饱和度而变，交通量大就要等候很长的时间，反之等候时间就少。

对于非机动车的干扰，在路段上由分车带或隔离墩分隔，机动车与非机动车相互影响小，而在交叉口范围内各种车辆混合行驶，转弯时相互穿插。当自行车出行高峰时，机动车基本处于非机动车的包围之中，要实现方向转换是困难的，但在环形交叉口的环道上用隔离墩使机动车与非机动车分流行驶，相应干扰就减少了，而相互借用道路的可能就不存在了。

3. 交叉口的服务水平

对于平面交叉口，确定服务水平的原理与路段相同，但作为具体表达的指标则与路段不同。因平面交叉各路口的通行能力不能作为交叉口的整体通行能力，只能用各路口的

V/C 表示各入口引道的服务水平。此外，平面交叉口的交通服务水平要受到交通控制、通过交叉口所需时间、延误时间、停车时间、停车次数和频率等影响。

二、自行车道通行能力

自行车交通在我国各城市道路交通中占据了较为重要的地位。这里主要阐述自行车应用设施的通行能力和服务水平的分析方法，并为以下几种设施提供分析方法。

①街道外的自行车专用道路：用物体与公路交通隔离的专供自行车使用的道路。

②街道外的非机动交通专用道路：用物体与公路交通隔离的，供自行车、行人和其他非机动交通共用的道路。

③街道上的自行车道：在道路上划出的自行车道，通常与机动车道相邻，按连续流运行。

④间断流自行车道设施：在街道上划出的自行车道，通常与机动车道相邻，在交通信号或停车标志等固定干扰的条件下运行。

⑤城市道路上的自行车道：在城市道路上指定的自行车道，同时包含连续流和间断流两种情况。

不涉及车行道外的部分宽度、硬路肩或自行车道、机动车交通量、重型车、速度、路面状态和骑车人考虑的度量服务质量的其他因素，研究所描述的服务质量的量度都是来自骑车人的观点。

(一) 自行车道理论通行能力

1. 汽车行驶原理

按汽车行驶原理计算自行车道通行能力与最佳速度。根据交通流原理，一条自行车道的最大通行能力可由前后车辆之间动态安全净空进行计算。

$$L = \frac{Vt}{3.6} + \frac{V^2}{254(\varphi \pm i)} + l_车 + l_0 = \frac{Vt}{3.6} + \beta V^2 + l_车 + l_0 \qquad 式（3-1）$$

式中：

L——动态安全净空；

V——车速，大多在 10~20 km/h；

t——反应时间（s），一般为 0.5~1.0 s，取平均值为 0.7 s；

φ——轮胎与路面之间的黏着系数，多在 0.3~0.6，取 0.5；

i——道路纵坡，在平原区城市可取 0；

β——制动系数 =1/（254（i）） = 0.0079；

l_0——安全间距，一般在 0~1 m；

$l_车$——自行车的车身长度，常用 1.9 m。

则其理论通行能力计算值 N 为：

$$N = \frac{1000V}{l_0 + 1.9 + 0.194V + 0.0079V^2} = \frac{1000V}{L} \qquad 式（3-2）$$

求最大值，令 $x = 1000V$，$y = l_0 + 1.9 + 0.194V + 0.0079V^2$

$$\frac{dN}{dV} = \frac{y\left(\frac{dx}{dV}\right) - x\left(\frac{dy}{dV}\right)}{y^2} = \frac{1000y - x(0.194 + 0.158V)}{y^2} \qquad 式（3-3）$$

$dN/dV = 0$，求得 V 之最大值：

$$1000y - x\ (0.194 + 0.0158V)\ = I_0 + 1.9 + 0.194V + 0.007.9V^2 = 0 \qquad 式（3-4）$$

2. 车头时距原理

按此原理，只要测得正常条件下连续行驶的自行车流中前后两车的最小车头时间间隔 h_t 值，即可用下式计算其通行能力：

$$N_时 = \frac{3600}{h_t} \qquad 式（3-5）$$

式中：h_t——连续行驶车流中两自行车的纵向最小时间间隔（s）。

h_t 最小值分别可以为 1.24 s 和 1.2 s，平均最大值分别为 2.14 s 和 2.37 s，总的平均值为 1.8 s。将最小、最大及平均的值分别代入上式，得 $N_时$ = 1 500~3 000 辆/h，平均为 2 000 辆/h。同按上述车头间距原理所算得的数值相差较大，其原因是实际行驶时各车辆不保留足够的安全间隔，同时也因前车不是说停就停，也有制动距离，所以实际上车辆的间距要较理论上计算的应保持时距小。在交叉口受阻时，车速很慢，这时车头间隔仅为 2.2~2.5 m，车辆之间的净距只有 0.2~0.5 m，在停车时车辆相互穿插，车道利用率很高，密度可达 0.54 辆/m²。

（二）自行车道的实际通行能力

1. 短时间最大通过量

最大通过量是选择路段高峰时期某一短时间内密集车流，观测其通过断面的最大交通量，可按下式计算：

$$N_{max} = \frac{N'_t}{B - 0.5} \times \frac{3600}{t'} \qquad 式（3-6）$$

式中：

N_{max}——自行车单车道最大通过量（辆/h）；

B —— 自行车道的宽度（m）；

t' —— 密集车流通过观测断面的某一短时段（s）；

N'_t —— t' 时段内通过观测断面的自行车数量（辆）。

每条自行车道宽度定为 1 m，但考虑到路线两侧为进车口，须保留一定的安全间隙，每侧应减去 0.25 m，即 $B-0.5$。

2. 实际可能的通行能力

实际有可能采用的不是高峰小时行车最为密集的短时间通过量，而是较长时间车辆连续通过断面的自行车数量（此时车流不过分密集和拥挤）除以统计时间，再换算为单车道的通过量，称为路段平均通过量，以下式表示：

$$N_{可} = \frac{N_t}{B-0.5} \times \frac{3600}{t} \qquad 式（3-7）$$

式中：

$N_{可}$ —— 每米宽度内自行车连续 1 h 内通过断面的数量，实际为 1 h 内连续车流的平均通过量（辆/h）；

B —— 自行车道的宽度（m）；

t —— 连续车流的通过时间（s）；

N_t —— t 时间内通过观测断面的自行车数量，是确定自行车路段通行能力的重要参数，受道路、交通管理及气候等条件影响较大，因此，有条件的城市或设计单位应自行测定，并选择符合实际的 N_t 值。

第四章
交通规划与交通需求管理技术

第一节　交通规划基本概念与交通规划基本分析技术

一、交通规划的定义及作用

交通规划是通过科学配置各类交通资源，协调交通系统内部各子系统之间的关系，统筹城市内部交通、对外交通、客运交通、货运交通，处理好远期发展与近期建设的衔接，最终形成可持续发展的城市综合交通体系。交通规划是交通运输系统建设与管理科学化的重要环节，是制订交通运输系统建设计划、选择建设项目的主要依据，是确保交通运输系统建设合理布局、有序协调发展，防止建设决策、建设布局随意性、盲目性的重要手段。

二、城市规划体系与交通规划体系对应关系

城市总体规划属于法定规划，城市交通规划是城市总体规划的重要组成部分。交通规划是指导城市综合交通系统发展的规划，必须与城市规划相协调才能实现城市空间发展与交通系统相互促进的良好效果。

三、交通规划基本分析技术

（一）交通规划编制技术流程

交通规划采用定性、定量分析相结合，问题、目标导向相结合的分析技术，由现状分析、发展态势分析、发展目标和策略、规划方案编制、规划方案评价与近期工作计划六个环节构成。

（二）现状分析方法

以调查数据和相关资料为基础，采用与主管部门访谈、与规范比较、与其他城市类比

等方法，开展供需分析、出行结构分析、运行状况分析、环境安全分析等，切实反映城市交通体系的现状特征和存在问题。现状分析通常关注以下几个方面：

1. 城市概况

包括城市区位、自然地理、历史文化、城市功能定位、现状城市人口与用地规模等基本状况。

2. 城市经济与产业

包括城市经济发展规模、水平与增长态势，城市产业结构，城市财政能力，基础设施投资规模与结构比例，存在的问题等。

3. 城市空间结构与土地使用

包括现状城市空间结构特征、城市功能布局及土地使用特点、城市发展与交通系统的关系等。

4. 城市交通需求

包括居民出行特征、典型走廊和城市断面的交通分布特征，各类交通工具的规模、增长情况、使用特点以及影响因素，城市重要集散点的交通吸引特征，城市主要货源点分布及货运交通集散特征等。

5. 城市对外交通

包括各种对外交通的客货运输规模和增长情况，货物运输的主要种类，对外交通系统布局、场站设置与城市规划建设的关系，与城市交通衔接存在的突出矛盾等。

6. 城市道路交通现状

包括现状城市道路网络规模、结构、布局特点，道路功能与土地使用的相互关系，现状道路服务水平，主要道路、交叉口交通流状况、路网容量与饱和度等。

7. 公共交通现状

包括各种公交方式发展水平、线网规模、布局及场站设施，各类公交方式运营组织模式及服务水平，优先发展公交的保障措施，公交专用道、港湾公交站、公交优先信号设置状况，公交发展存在的主要问题等。

8. 步行、自行车交通现状

包括步行、自行车交通的分布及主要交通特征，步行、自行车交通设施和运行管理现状，以及存在的问题等。

9. 城市停车现状

包括公共停车规模、布局，配建停车状况，路内停车状况，不同地区停车供求状况，停车设施使用状况及运营管理等。

10. 交通管理情况

包括交通管理设施、交通组织等基本状况以及存在的主要问题等。

11. 交通信息化现状

包括交通信息化建设、交通信息共享需求等基本状况以及存在的主要问题等。

通常，根据交通规划需要解决的实际问题，除关注以上方面外，还会针对性地进行数据采集和现状分析。

（三）交通发展态势分析与发展战略、目标的确定方法

1. 交通发展态势分析

交通需求分析模型是城市交通发展态势定量分析的重要工具，交通模型要素主要包括基础数据、数学模型、软件工具三个部分。在模型建立过程中，基础数据采集、数据库构建以及数据综合校核分析是最重要的基础工作。通常，交通需求建模与分析主要工作包括：

（1）数据采集与定期维护

构建交通模型的基础数据库。交通模型的基础数据库通常包括土地利用及人口、就业岗位分布，综合交通网络，基于交通调查的模型参数等。

（2）模型参数标定

根据不同规划需求，出行生成、出行分布、出行方式划分和交通分配模型均需要进行参数标定，数据质量和完整度决定了模型参数标定的准确度，直接影响交通模型预测的可靠性和精度。

（3）模型校核

将传统调查数据与连续数据进行融合分析，为交通模型综合校核提供有力保障。例如，采用手机信令数据得出核查线流量和大区 OD 分布与出行分布模型结果进行校核；将高架路（桥）和地面道路的线圈数据、交叉口视频数据等与交通分配结果进行综合校核等。模型校核得出的预测精度必须保证规划控制指标计算的精确度。

在发展前景和交通需求预测基础上，开展交通发展态势分析，并对土地利用、交通发展、资源环境等提出发展要求。

2. 发展目标和战略

结合交通发展态势，采用公众参与、对标城市及区域类比方法，制定城市交通发展愿景、发展目标及发展思路。战略包括发展战略和总体政策，发展目标包括总体目标和分项目标。

自 20 世纪 60 年代以来，交通发展理念与价值取向的转变带动了交通发展目标的转

变。城市交通规划发展目标由早期重点关注机动车移动速度、效率向当前更关注交通安全、低能耗、低排放、社会公平及最终的生活质量转变。

（四）规划方案编制方法

1. 交通规划实施评估

交通规划方案的编制和实施计划制订前，必须进行交通规划的实施评估，并应以交通规划的实施评估结论为依据。在传统的规划"编制—实施"单线模式基础上，通过引入具有跟踪监测和动态调校作用的规划实施评估机制，开展交通规划实施评估工作，形成"编制—实施—评估—调整"的滚动闭环，为修订与编制新一轮规划提供依据。

交通规划实施评估应综合采用定性与定量两种评估方法。定性评估可采用专家评估、公众评估等形式，由专家分析城市综合交通体系发展的关键问题，提出专业性、建设性的评估结论和意见，结合市民给出满意程度、发展愿景和意见。定量评估应构建指标体系，依托科学可靠的基础数据和技术手段，衡量各项指标的数值水平和变化趋势，提供量化的交通发展描述和规划评估结论。在分析评估的基础上，应提出对于规划修订、编制和实施具有反馈作用的建议。

综合交通体系规划实施评估原则上应每两年进行一次。有条件的城市可采取一年一评估的滚动模式，对年度实施计划提供更及时的动态反馈与调整，并以年度实施计划作为滚动编制过程中动态调校规划实施的关键。

规划实施评估内容包括实施进度、实施效果和外部效益等方面，并应符合以下规定：

①实施进度评估应评估综合交通体系各组成部分的规划实施进度与协调性。

②实施效果评估应评估规划实施后城市空间的布局调整、居民出行特征、交通系统的运行效果、财政可持续能力等与规划预期的关系。

③外部效益评估应评估规划实施对城市经济发展、土地使用、社会与环境可持续等方面的外部影响。

2. 规划方案编制

在上述交通规划实施评估结论基础上，以交通发展需求预测为基础，结合城市地形、地貌和城市空间形态及功能布局规划，在城市综合交通体系发展的总体目标指导下，编制规划方案。

在出行生成和出行空间分布阶段，主要分析人口、岗位聚集量、出行目的，根据出行分布期望线和出行分布矩阵，辨识客、货运枢纽及客、货运交通走廊，形成相应的综合交通骨架网络形态方案，并对枢纽的功能、等级进行规划，形成相应的枢纽规划方案。通过枢纽、走廊的功能定位，识别出行目的、方式、距离、时效要求等需求特征，开展分级交通网络和交通组织规划。

在出行方式划分和网络分配阶段，通过方式划分，在客运交通走廊上进一步识别公交走廊，并对走廊两侧用地集聚特征进行分析，规划公交走廊的功能、等级，确定公交走廊上的主导客运方式。城市公共交通走廊按照高峰小时单向客流量或客流强度可分为高、大、中与普通客流走廊四个层级。

然后，结合网络交通量分配结果，量化网络设施规模与量级，例如，确定道路等级、功能、车道规模、布局，确定公共交通网络层级、功能、运营组织要求、网络布局等，形成多个系统交通规划比选方案和协调方案。

最后，根据出行空间分布、方式划分和网络分配，针对客流走廊及相邻片区、不同城市区域提出差异化交通政策和管控措施，引导交通出行向公共交通转化，提高交通资源的有效利用和公平利用。

为了使规划方案具有操作性和可行性，在方案形成过程中，应采取多种方式征求相关部门和公众意见。

为了确保规划方案的顺利实施，应制订分期、分阶段建设计划或年度建设计划，同时提出发展政策建议以及用地、投资、管理等方面的保障机制。

（五）规划方案测试与评价

1. 交通规划方案测试

采用交通需求分析模型对城市交通规划比选方案进行测试，测试的主要内容包括：

①城市机动车发展规模。

②交通方式构成与交通政策影响。

③城市道路网络总体容量和各级道路服务水平。

④城市道路关键走廊的断面容量和服务水平。

⑤交通换乘枢纽及重要交通集散点的容量和服务水平。

⑥公共交通服务水平。

⑦城市重要地点的交通可达性。

⑧停车需求规模及停车设施供需关系。

2. 交通规划方案评价

交通规划方案评价应采用定量与定性相结合的方法，评价内容须包括经济、社会、环境、交通运行效果等方面。评价过程中，交通规划方案评价指标确定、指标重要性分类、成本与效益确定方法极为关键。一般交通规划方案评价应包括以下主要要素：

①交通运行预期效果及与规划目标的吻合程度。

②对城市规划布局的引导和支撑作用。

③对城市用地资源的占用程度。

④对城市生态和环境的影响程度。

⑤对城市历史文化、文物古迹和各类保护区的影响。

⑥地质灾害影响程度。

⑦规划的工程规模与投资。

第二节　交通需求管理基本概念与交通需求管理分析技术

一、基本概念与理论基础

（一）交通需求管理基本概念

很多情况下，人们发现在大量扩建道路后，交通拥挤非但没有缓解，反而越来越严重，并增加了对环境的影响。由此人们开始意识到有限的交通资源不能满足无限的交通需求，于是交通需求管理的理念与方法开始出现。这是交通管理理念上的一次重要变革：从由扩建道路资源来满足交通需求的增长转变为对交通需求加以控制，降低其需求量，以适应已有道路交通设施能够容纳的程度，即改"按需增供"为"按供控需"，达到交通建设可持续发展的目的。

交通需求管理是在交通资源和环境容量限制下，通过使用经济、社会、政策、法规等综合手段，借助先进的交通监测、计算机、通信等技术手段，针对交通的发生源进行管理、控制或诱导，从而削减交通需求（特别是个体机动化出行需求）的规模，调整出行的时空分布，达到缓解交通拥堵、减少能源消耗、降低交通环境污染、提升交通系统运行安全和效率的目标，促进交通供给与需求的平衡。

（二）交通需求管理理论基础

交通需求管理以公共产品理论、市场失灵理论与政府管制理论为基础，依托多源数据，采用交通出行行为分析理论和网络均衡理论评估交通需求管理效果。

1. 公共产品基本概念

社会产品分为公共产品、私人产品两大类。公共产品是相对私人产品而言，能为绝大多数人共同消费或享用的产品或服务，具有消费或使用上的非竞争性、受益上的非排他性、效用的不可分割性，一般由政府或社会团体提供。

公共产品可分为纯公共产品和准公共产品两类。一般说来，纯公共产品是为整个社会共同消费的产品。准公共产品是兼具公共产品和私人产品属性的产品。按照准公共产品所具有的两种产品属性的不同组合状况，可将其分为以下三类：

（1）具有非竞争性的同时也具有排他性

这类准公共产品在具有公共产品消费中的非竞争属性的同时，也具有私人产品受益中的排他属性。

（2）具有非排他性的同时也具有竞争性

这类准公共产品在具有公共产品消费中的非排他属性的同时，也具有受益中的私人产品的竞争属性。

（3）在一定条件下具有非竞争性和非排他性

在一定条件下具有受益中的非竞争性和消费中的非排他性的准公共产品，是指只要不超过一定的限度，该产品的消费是非竞争的和非排他的，但若超过一定的限度，则具有竞争性和排他性特征。比如，不收费的桥梁，只要不产生拥挤，则具有非竞争和非排他的属性；如果产生了拥挤，就具有了竞争性，为了解决拥挤问题，政府就采用收费的办法，于是也就具有了排他性。

若用公共经济学的基本理论去衡量，几乎所有的城市交通基础设施和服务都难以划入纯公共产品之列，而应归入准公共产品范畴。

2. 社会边际成本与私人边际成本

私人边际成本是指为消费一件物品，消费者自己所必须承担的边际成本。在实际应用中，没有外部性时，消费者付出的私人边际成本就是社会边际成本。

外部性反映的是经济个体之间或人与人之间在市场外的一种相互影响，这种影响必须是某种福利影响。外部性存在的基本条件是：经济个体的私人边际成本不等于社会边际成本，个人收益不等于社会收益。具体而言，存在外部性的条件下，消费者 A 多消费一件物品会导致外部不经济效应，使另一消费者 B 的消费环境恶化，为了抵消这种恶化的影响，消费者 B 必须追加一定的成本支出，这就是所谓的外部边际成本。私人边际成本与外部边际成本的总和就是 A 多消费一件物品的社会边际成本。社会边际成本是指系统每增加 1 个单位用户时，总可变费用的增加部分就是社会边际费用。

3. 市场失灵与政府配置资源方式

市场失灵理论认为，公共产品、垄断、外部性和信息不完全或不对称的存在使得市场难以解决资源配置的效率问题，市场作为配置资源的一种手段，不能实现资源配置效率的最大化，这时市场就失灵了。当市场失灵时，为了实现资源配置效率的最大化，就必须借助于政府的干预。现代市场失灵理论认为，市场不能解决的社会公平和经济稳定问题也需要政府出面化解，从而使得政府的调控边界突破了传统的市场失灵的领域而大大扩张。

城市交通服务作为一种准公共产品，主要由政府提供。为防止"市场失灵"，政府需要通过经济管理手段或行政手段引导资源的合理配置；"公平"与"效率"是准公共产品供给机制选择务必坚持的两大标准，政府需考虑公共产品的不同属性和特征，顶层设计准公共产品的多元供给制度，实现城市客运交通的社会公平、环境保护和经济效益目标。

4. 出行行为分析理论基本概念

交通需求管理各项措施能够改变出行环境条件，影响出行需求的价格和时间弹性、出行机会成本，对出行者行为产生影响甚至改变其出行行为。出行行为分析理论是用于定量分析出行者在个体属性和出行环境相互作用下的出行需求和出行选择行为（如不同出行目的的出行频率、出行目的地、出行时间、出行方式、出行路径等）。

5. 交通网络均衡基本概念

早期交通网络均衡研究主要集中于交通分配的研究，随着交通资源供给约束日趋凸显，产生了采取交通需求管理措施来调控交通需求时空分布，达到系统总体最优状态——即网络总出行成本（或平均出行成本）最小的需求。

二、交通需求管理分析技术

（一）交通需求管理效果评价工作框架

在引入交通需求管理措施时，应该对实施效果进行预测（实施前）和评价（实施后）。实施前预测是对单一交通需求管理措施或组合交通需求管理措施的有效性进行评价，帮助筛选或确定可行的交通需求管理措施。实施后评价是指交通需求管理（TDM）措施实施后，对 TDM 的立项决策、方案设计和实施管理全过程各阶段工作及其变化的成因进行全面的跟踪调查、分析和评价，不断提高 TDM 的决策、设计、管理水平，为制定相关政策等提供科学依据。

（二）出行行为数据采集技术

1. 出行行为数据采集常用方法

分析出行者的交通行为偏好及其影响因素是制定交通需求管理措施的前提。对交通行为进行定量分析的主要数据采集方法有：了解人们已经发生过的交通行为事实的调查法（Revealed Preference Survey，简称 RP 调查），基于陈述性偏好的态度和意愿调查法（Stated Preference Survey，简称 SP 调查），团体座谈法（Focus Group），案例访问法及观察法。这些数据采集方法同样可以用于提升和改善传统调查的设计和解释。

以下着重介绍态度和意愿调查方法，其他方法不再赘述。

2. 态度和意愿调查设计方法

（1）SP 调查的含义与特点

态度主要属于心理学的范畴，它是指个体对特定的对象（如人、观念或事件等）所持有的一种比较稳定的心理倾向，这种心理倾向主要包括个体的主观评价和行为倾向性，态度也是一种心理的准备状态，人们对某一件事的态度往往反映其价值观、情感倾向和行为倾向。如一个人对公共交通持积极的赞成态度，反映在价值观方面他具有环保的态度，在情感倾向方面他可能更喜欢公交出行方式，在行为倾向方面他可能会更多地选择公共交通。意愿是指个人对人或事物的期望性看法，也是一种愿望和心愿，属于个人的主观思维。意愿具有行为的目标与方向性，意愿也具有一定的动机特点。问卷调查是态度测量的一种常用的方法，它是通过问题设计作为量表来了解被调查者的态度与意愿。

对人的交通行为调查主要有两种，一种是了解人们已经发生过的交通行为事实的 RP 调查，另一种是了解人们倾向于选择交通行为的态度与意愿的 SP 调查。20 世纪 70 年代起，SP 调查开始出现在交通行为分析中。交通领域中的 SP 调查主要是指通过问卷调查方式，收集信息，了解人们对交通行为与相关政策的倾向性态度与意愿的过程。

SP 调查特点主要体现在三个方面：

①主观性与个体差异性。态度与意愿是一种主观感受，在同样的条件下，个体有较大的差异性。如一辆公交车的速度，有人觉得太慢了，有人觉得合适。

②不可替代性。SP 调查不同于行为调查具有客观性，它是以主观感受为核心评价，同样的行为，个体感受不同，个体的表述具有唯一性。

③对问卷设计的技术要求较高。SP 调查表设计需要较多的前期研究，才能相对真实地了解被调查者的意愿。如某区域人们对某一新交通方式的选择意愿与评价，问题设计应该建立在对该地区现有交通方式的了解以及人们对新的交通方式认识理解的基础上，否则，难以达到良好的调查效果。

（2）SP 调查设计的原则

在进行态度和意愿调查设计时，应遵循以下原则：

①被调查者自愿参与。

②调查不能对被调查者构成任何伤害。

③匿名和保密。

④客观性原则，不能对被调查者进行任何诱导和指向。

⑤尊重数据反映的结果，不论其结果是支持假设还是违反最初假设。

（3）SP 调查问卷设计的基本思路

①要明确调查目的。调查目的是指该调查需要达到的目标，如了解现状与问题，了解问题产生的原因与影响因素等。例如，要做某城市公共交通的使用情况与满意度调查，其主要目的是了解该城市市民对不同公共交通方式的使用现状与满意度评价，调查的结果应该能描述该城市公交使用现状的具体指标水平与满意度水平。

②要确定调查的对象与范围。确定调查的对象是确定对什么类型的人做调查，它决定了问卷问题针对的目标；确定调查的范围主要是指在一定的空间和时间范围内对调查对象的限定。调查的对象与范围越明确，问卷设计的针对性越强。例如，要做某一城市家用新燃料汽车使用意愿调查，可能调查对象需要包括该城市已经拥有家庭汽车和近期（一年内）打算购买家庭汽车的人，以这部分人作为调查总体，最终调查对象的人数通常通过抽样调查方式获得，并以抽样的人群数量代表总体。

③要确定调查的内容。调查内容是一份调查问卷的核心。对于 SP 调查问卷的内容而言，应该要明确了解哪些调查对象的背景资料和行为资料有助于准确地描述和分析研究调查对象的态度与意愿。通常调查内容至少应该包括三个方面的资料收集：

A. 调查对象的背景资料，主要是指调查对象的性别、年龄、学历、职业和收入等情况，有些调查还需要了解更多的背景资料，如是否拥有家庭轿车、家庭人口数等。

B. 调查对象的行为资料，如经常使用的交通工具、通常的出行时间等。人的态度和意愿与人的行为和经验有密切的关系，乘过高铁的人对高铁的使用意愿评价与未乘过高铁的人的评价信息价值不同，应该分类比较。一般而言，一定的交通行为是 SP 调查的基础。

C. 调查对象的态度与意愿资料。这部分问题是 SP 调查问卷的核心，需要聚焦调查目标，突出重点，通过合理的问题设计与答案设计，收集到必要的信息，满足调查需求。态度与意愿调查的内容并不是越多越好，因此，在问卷设计前应该多做些前期研究，以便在问卷中能设计出少而精的问题，满足调查研究的需求。

④要确定调查资料的分析统计方法。不同的分析统计方法对问卷的数量与数据结构有不同的要求，需要在问卷设计前确定调查资料的分析统计方法。如果要用"非集计模型"的多元 Logit 模型分析，需要有明确的倾向性选择问题设计；如果要对态度与意愿产生的原因进行分析，就应该适当地增加解释性问题与开放性的问题，并采用调查后再进行资料编码的方式，以提高问卷调查资料的深度。

（4）SP 调查问卷设计方法与步骤

SP 调查问卷的设计主要分为五个步骤。

第一步：前期研究。需要在明确调查目标和对象特点的基础上，了解在相关问题中以往的调查研究常用的态度与意愿测量指标与方式，如交通选择方式评价中常用的时间、价格和舒适度等；了解不同调查需要的背景资料，以及与调查目标相关的态度与意愿主要受到哪些因素的影响，需要调查的态度与意愿怎样测量，被调查者的文化水平与知识结构对相关问题的理解水平等。通过前期研究形成基本的调查核心内容与问题。

第二步：建立问题大纲。建立问题大纲是指按照被调查者接受调查的过程，初步梳理一个需要调查的问题大纲，如某一份问卷需要了解五个被调查者背景资料问题、四个交通行为事实问题、三个交通选择意愿态度与意愿问题以及一个交通态度意愿选择的开放性问题等。

第三步：细化问题设计、答案变量与指标设计。细化问题设计与答案设计是保障问卷调查具有信度和效度的重要环节。信度指的是调查问卷测量数据的可靠性程度，即在类似条件下重复测量能否给出一致的和稳定的测量结果。效度指的是问卷作为测量工具在反映所测量概念的真实含义方面的正确程度。每一个细化的问题都需要反复推敲，确保准确地表达，每一个问题答案的设计都应该是清晰的变量与明确的指标。如问题"你最近乘了几次公交？"中的"最近"就属于不明确的表达，可改为明确的"上周"；问题答案设计中"几次"也应该是可穷尽的和互斥的，包括所有类型，从最少到最多，通常用 0 次到某次以上分为若干类型来表达，具体的分类按照实际情况结合常用方式进行。

第四步：问题结构调整与答案设计的表达形式调整。通常一份问卷能容纳的内容是有限的，为了得到被调查对象的积极配合，无论是自填问卷还是访问问卷，问卷调查的时间最好控制在 20 min 左右，因为调查的时间越长，调查质量越容易受到各种因素的影响。一些现场调查的问卷倾向于选择更短的问卷设计，便于调查实施。通常调查的问题结构安排是先易后难，先行为问题后态度问题，先封闭性回答的问题后开放性回答的问题等。问题的答案设计的表达形式也以便于被调查者填写或回答为原则。

第五步：问卷试调查与修改完善。在问卷设计完成之后、正式调查开始之前，应该进行试调查。试调查可用于检测调查设计的所有阶段和内容。利用试调查对调查的各个方面的工作进行评估和测试，可以有效保障数据的质量和准确性。试调查主要关注的问题包括：

①调查对象是否能理解问题的内容，若不能或不明确，应该修改问题表达方式与内容。

②调查对象对问题的回答是否在答案设计中基本涵盖或调查分类是否符合实际情况，若有问题应该修改答案设计。

③调查耗时是否符合计划的时间，尤其是针对不同文化程度与不同年龄的被调查者，通常问卷调查耗时更关注较低文化程度与较高年龄的被调查者完成问卷调查的时间。

④其他相关问题修改完善，如调查目的说明与填写方式说明、调查背景资料调整、需要增加的问题等。

（5）调查质量控制

调查的质量控制主要表现为两个方面：一是数据的质，二是数据的量。数据的质主要由调查的方法和抽样的质量决定，调查的方法通过调查结构的设计和质量控制决定；而抽样的质量则包含了抽样的方法、架构和抽样的步骤等几个方面的因素。数据的量主要体现在每一个样本提供的信息量和样本数两个方面，每一个样本提供的信息量由问题的数量和问题的深度决定，而样本数由样本大小和有效样本回收率决定。

在调查数据质量控制方面，试调查是极为重要的一环。虽然进行试调查并不能完全消除调查误差，但相比于没有开展试调查的调查项目，其调查带来的问题和误差要少得多。

（三）出行行为分析理论

出行行为数据的分析技术分为集计模型和非集计模型两类。"四阶段"预测法，采用的是"集计模型"的处理方法：先将出行个体的出行量集计到交通分析小区，而后生成基于小区的 OD 出行矩阵，再将这些出行量转换成车辆数或公交乘客数，分配到交通网络上。"集计模型"以中长期交通需求预测为主，对政策等因素变化不敏感。"四阶段"模型存在无法容纳比较丰富的人群差异性，无法合理地反映同一出行者出行之间的时空关联性和出行方式的一致性等问题，因此较难考虑诸如道路拥挤收费、停车收费、公交补贴等近期交通需求管理措施的影响。

针对这些问题，"非集计模型"被引入并得到了广泛的应用。"非集计模型"直接将单个决策者作为研究对象，基于随机效用最大化原理，描述每个决策者的选择行为。在交通领域，"非集计模型"可应用于交通需求量的预测、政策评价、交通服务效益评价等。"非集计模型"的理论基础是基于随机效用最大化原理的离散选择模型，而最常用的离散选择模型是多元 Logit 模型。在微观经济学中，个体选择行为追求的目标常被假定为效用最大化，即在个人可支配资源的约束下，使个人需求和愿望得到最大限度的满足。随机效用的概念源于计量经济学针对随机经济变量的特点。

1. 多元 Logit 模型的边际效应和弹性分析

模型中的系数反映了相应解释变量对于选择概率的影响，然而离散选择模型的系数解释不像线性回归模型的系数解释那么直观，因为在离散选择模型中，解释变量虽然线性地影响效用值，但对于选择概率的影响却是非线性的。因此，需要推导解释变量对于选择概率的边际效应，分为直接效应和交叉效应。

（1）直接效应

直接效应可以理解为选择者 n 选择选项 i 的概率随该选项的解释变量 z_{ni} 的变化率，可表示为：

$$\frac{\partial P_{ni}}{\partial z_{ni}} = \frac{\partial \left(e^{V_{nii}} / \sum_j e^{V_{ni}} \right)}{\partial z_{ni}} = \frac{e^{V_{ni}} \partial V_{ni}}{\sum_j e^{V_{nj}} \partial z_{ni}} - \frac{e^{V_{ni}}}{\left(\sum_j e^{V_{ni}} \right)^2} e^{V_{ni}} \frac{\partial V_{ni}}{\partial z_{ni}} \qquad \text{式（4-1）}$$

如果 V_{ni} 采用解释变量线性组合的方式，且变量 z_{ni} 的系数为 β_z ，那么：

$$\frac{\partial P_{ni}}{\partial z_{ni}} = \beta_z P_{ni}(1 - P_{ni}) \qquad \text{式（4-2）}$$

当选择选项 i 的概率 $P_{ni} = 0.5$ 时，$P_{ni} = 1 - P_{ni}$ ，此时直接效应最大；当 P_{ni} 接近于 0 或 1 时，直接效应变小。

（2）交叉效应

交叉效应可以理解为选择者 n 选择选项 i 的概率随另一选项 j 的解释变量 z_{nj} 的变化率，可表示为：

$$\frac{\partial P_{ni}}{\partial z_{nj}} = \frac{\partial \left(e^{V_{ni}} / \sum_k e^{V_{nk}} \right)}{\partial z_{nj}} = - \frac{e^{V_{ni}}}{\left(\sum_k e^{V_{nk}} \right)^2} e^{V_{nj}} \frac{\partial V_{nj}}{\partial z_{nj}}$$

$$= - \frac{\partial V_{nj}}{\partial z_{nj}} P_{ni} P_{nj} = - \beta_z P_{ni} P_{nj} \qquad \text{式（4-3）}$$

若 z_{ni} 的系数 β_z 为正，z_{nj} 的增加将减少选择选项 j 以外的其他选项的概率。同时，交叉效应正比于选择选项 i 和 j 的概率值。

在需求分析中，弹性也常用于计量一个变量的改变将在多大程度上影响其他变量，用因变量的变化率与自变量的变化率之比来表示。所以，弹性是一个没有单位的数值。如果弹性值为 E ，说明自变量中 1% 的改变会导致因变量中 E% 的改变。在选择模型中，因变量是选择概率，而自变量为某一解释变量，以下推导某解释变量对于选择概率的直接弹性和交叉弹性。

①直接弹性。选项 i 的选择概率 P_{ni} 相对于该选项的解释变量 z_{ni} 的直接弹性，可表示为：

$$E_{i, n_{ni}} = \frac{\partial P_{ni} / P_{ni}}{\partial z_{ni} / z_{ni}} = \frac{\partial P_{ni}}{\partial z_{ni}} \frac{z_{ni}}{P_{ni}} = \frac{\partial V_{ni}}{\partial z_{ni}} P_{ni}(1 - P_{ni}) \frac{z_{ni}}{P_{ni}}$$

$$= \frac{\partial V_{ni}}{\partial z_{ni}} z_{ni}(1 - P_{ni}) = \beta_z z_{ni}(1 - P_{ni}) \qquad \text{式（4-4）}$$

②交叉弹性。选项 i 的选择概率 P_{ni} 相对于另一个选项 j 的解释变量的 z_{nj} 交叉弹性，可表示为：

$$E_{i, z_{nj}} = \frac{\partial P_{ni} / P_{ni}}{\partial z_{nj} / z_{nj}} = \frac{\partial P_{ni} z_{nj}}{\partial z_{nj} P_{ni}} = - \frac{\partial V_{nj}}{\partial z_{nj}} z_{nj} P_{nj} = - \beta_z z_{nj} P_{nj} \qquad \text{式（4-5）}$$

因此，多元 Logit 模型给出的交叉弹性对于每一个选项来说是相等的，即选项 j 的解释变量的变化会对其他所有选项的选择概率带来等比例的变化。

2. 基于离散选择模型的市场预测

离散选择模型是在个体决策者层面上进行操作的，然而交通规划师和工程师往往对某些集计的总量感兴趣。比如，需要评估停车收费政策将如何影响开车出行的市场份额，进而计算车流量的变化，但并不关心具体是哪些出行者的改变造成了这些变化。首先需要理解离散选择模型给出的选择概率值的意义。比如，在某个停车收费政策下，模型给出某个出行者选择开车方式的概率是 p。如果这一类型的出行者总数为 N，那么他们中每个人选择开车方式的概率都是 p。当 N 足够大时，这个人群中选择开车方式的人的总数应该接近于 $p \cdot N$。如果某个人群中的某个决策者 n 选择某个选项 i 的概率记作 $P_n(i)$，那么这个人群中选择选项 i 的总人数的期望值应该是 $\sum_{n=1}^{N} P_n(i)$。在实际应用中，最常用的计算集计总量 $T(i)$ 或市场份额 $S(i)$ 的方法叫作样本枚举，即通过某样本中每个决策者的每个选项的选择概率求和或平均来进行估计，即：

$$T(i) = \sum_{n=1}^{N} P_n(i) \qquad \text{式 (4-6)}$$

$$S(i) = \frac{\sum_{n=1}^{N} P_n(i)}{N} \qquad \text{式 (4-7)}$$

这个样本既可以是用于估计模型的样本，也可以是一个全新的样本。

第三节　交通需求管理实施策略与典型措施机理

一、实施策略

TDM 实施策略的主要目的是尽量减少出行的产生，通过交通与土地协调开发模式、交通政策等对交通发生源进行调整。在出行分布阶段，TDM 的目的是在空间层面促进供需平衡，主要策略是对城市土地利用类型的分布加以控制，通过调整用地性质、开发强度、分布等减少或均衡交通需求。

在出行方式选择阶段，TDM 的目的是使个人机动化出行向集约化公共交通出行转换，主要策略是实施刺激或者抑制某些交通方式的政策，使出行方式发生转变，例如汽车合乘，限制私人小汽车进入市区，改善换乘设施，促使出行者向高容量的公交系统转移。

在交通分配阶段，TDM 实施策略目的是从空间与时间上均衡交通流，主要策略是采用先进的信息技术向出行者提供实时交通信息，或通过强制收费或限行措施，使出行者改变原来出行时段或路径，达到缓解拥堵的目的。

二、交通需求管理措施组合

（一）交通需求管理措施实施成败的关键环节

每一项 TDM 措施都有其自身特点，实施交通需求管理不仅需要详尽的设计和技术分析，而且需要进行有效的社会沟通和动员。从国内外实施经验来看，以下环节决定了交通需求管理措施组合实施的成败。

1. 公众支持是 TDM 实施的有效保障

TDM 政策的实施，往往会招致各方的争议，公众的接受度是实施过程中重要的考虑因素。公众对 TDM 措施的可接受性可以从五个方面评估：

①认知性，衡量公众对 TDM 措施的认知程度。

②态度，衡量公众支持 TDM 措施的程度。

③参与性，衡量公众参与 TDM 措施的程度，例如是否愿意选择合乘，是否愿意使用共享交通工具等。

④满意度，衡量公众是否满意 TDM 措施以及程度如何。

⑤适应性，为了适应新的 TDM 措施，公众改变以往交通行为的程度。

实际操作中可针对各项措施的可接受性，结合 SP/RP 调查数据，建模和听取公众、专家意见进行综合分析。

2. 注重 TDM 实施的社会公平性，协调不同群体之间的利益

TDM 政策实施的本质是对不同出行者利益的再分配。在"效率优先，兼顾公平"的基本原则上，分析需求管理政策的公平性对于合理地进行政策设计非常重要，而这一工作的基础，是需要确切判断具体 TDM 政策所涉及的社会人群结构，以及对于不同类型人群所产生的影响程度。

3. 注意 TDM 实施的政策财政负担，引导公交市场化运作

公交补贴、公交票价降低、公交换乘优惠、加强公共交通网络建设（特别是轨道交通建设）、实施区域交通拥挤收费都需要巨额的财政支持，这将增加政府的财政负担。政府必须明确各种政策下如何使用有效的财政补贴政策，引入竞争机制，引导公交市场化运作。量化分析各种政策下的方式分担和客流需求，是为政府提供决策依据的最基本工作。

4. 强调 TDM 策略的组合实施

仅依靠单项 TDM 措施难以取得满意的效果，TDM 策略的组合实施，可以比单项 TDM 措施进行简单叠加取得更好的效果。

（二）交通需求管理方案形成与实施工作步骤

针对 TDM 方案多目标多约束的特点，主要采取以下步骤形成比选方案并进行筛选：

①考虑实施公平性、经济性、实施效益、可接受性等指标，进行综合分析，对适合的 TDM 措施进行远近期排序。

②考虑各项 TDM 措施实施力度，确定各种近远期可实施的初选方案组合。

③提出近远期可实施的 TDM 措施组合的 N 种比选方案。

④利用建模技术和模拟分析技术，分析不同组合方案下的运行情况。

⑤比较各种组合比选方案的运行指标、经济指标、能源环境指标、社会效益指标，确定满足约束条件的最优推荐方案。

三、机动车限行限购措施

机动车拥有调控政策可分为行政管制的增长总量控制和基于高额拥有成本的市场调节机制两类；使用调控可分为行政性的限行措施和基于价格机制的收费调控措施两类。新加坡是除我国之外唯一对机动车拥有增长实行总量行政管制的国家，同时实行基于交通网络动态运行状况的机动车区域通行费征收措施。基于价格手段（如燃油税、拥堵费或排放费、停车价格等）调控，是通过提高拥有成本和使用成本，抑制机动车拥有和使用的快速增长，根据居民购买需求、支付能力、意愿与使用成本之间的市场供求关系，调节机动车使用频率、区域和时间的分布。

国内大城市在控制小汽车拥有和使用的过程中，一般对机动车采用限购、限行的"两限"政策，包括：牌照拍卖制、车牌限量摇号制、拍牌+摇号制、小汽车通行管制（包括区域限行和时段限行，如单双号限行、尾号限行、外地牌照局部区域或道路限行措施）。除了牌照拍卖以外，其余措施均属于行政手段。

当城市人均车辆保有量已经达到一定水平，道路交通网络交通量接近或达到饱和状态，再实施限购政策时，其公平性、合法性均会受到质疑。因此，要根据城市交通状况，适时研究推进城市交通拥堵收费政策；谨慎采取机动车限购、限行的"两限"政策，避免"两限"政策常态化，已经实行的城市，适时研究建立必需的配套政策或替代措施。

四、拥挤收费机理与政策

（一）拥挤收费概念

城市道路拥挤收费是指在考虑出行者路径选择和时间选择行为的基础上，在交通拥挤时段对部分区域道路使用者收取一定的费用，使出行者不得不做出选择：第一，不出行或改选其他路线或时段出行；第二，改变出行方式选择（由私人小汽车变为公共交通）；第三，不改变出行选择但须支付额外费用。前两种出行选择都可以大大降低拥挤路段的交通量，而后一种出行选择所得来的资金可用于城市公共交通基础设施建设和公交服务水平的提高。需要说明的是，与一般道路收费（例如高速公路通行费）用于补偿成本支出不同，拥挤收费的主要目的是利用价格机制来调节城市道路交通出行需求，调整出行路径，调节交通量的时空分布。通过道路拥挤收费还可以有效促进交通方式向公交系统转移，抑制小汽车交通量的增加。

收费区域划定：拥挤收费既可以应用于单条道路上，也可以作用于一个划定的区域。

收费对象：结合不同的项目有所区别。一般来说，拥挤收费主要作用于社会车辆和运营车辆。如洛杉矶的港口采用拥挤收费的对象则是集装箱卡车，期望通过减少集装箱卡车的数量来减少进出港口的货运车辆。

（二）拥挤收费机理

交通拥挤收费的理论基础是经济学中的边际成本定价原理。该原理认为，为使整个道路系统得到最有效的利用，行驶在拥挤路段上的用户应支付一定的费用，才能抵消它所产生的外部不经济。收取费用的大小等于社会边际成本和私人边际成本之差。通过对拥挤路段上的用户征收这样的通行费来修正其对出行费用的错误感知，以保证用户在做出决策时考虑自己的出行强加给其他用户的外部不经济性。

五、停车管理与收费机理

停车管理是对路上停车及路外停车进行管理，这对减少局部区域的交通量、减少交通事故、保障道路行车秩序十分重要。

（一）路上停车管理

路上停车管理主要包括限制停车时间和限制停车地点管理。

1. 限制停车时间管理

一般在停车周转率高的地方或有车辆等待停车的地方限制停车时间。限制停车时间的规定要视具体情况而定，在市中心区可限制在 1 h 以内，邻近市中心地区，限时可放宽为 2 h。

2. 限制停车地点管理

凡停车会影响交通安全与通畅的地点，均应禁止路上停车。例如，人行道、桥梁、隧道内不准车辆停放，在距交叉口、车辆进出口、消防栓、信号灯、停车标志、让路标志等一定距离内的路边不准车辆停放。

（二）路外停车管理

新建、改建、扩建的公共建筑、商业街区、居住区、大中型建筑等，应当配建、增建停车场；停车泊位不足的，应当及时改建或扩建。因此，各类建筑工程的停车配建标准的制定与管理非常重要。

（三）停车诱导管理系统

城市中停车泊位供应不足与停车泊位未充分使用并存现象，促使停车诱导管理系统广泛应用。停车诱导管理系统是通过交通信息显示板、无线通信设备等方式向驾驶员提供停车场的位置、使用状况、诱导线路、停车场周边交通管制和交通拥堵状况的服务系统。该系统对于提高停车设施使用率，减少由于寻找停车场而产生的道路交通量，减少因为停车造成的等待时间，提高整个交通系统的效率有重要的作用。

（四）停车收费管理

停车收费是通过对停车设施的使用者征收费用，来改变出行者使用时段、出行者出行方式、出行目的地等。在交通拥挤的区域，根据对交通流量的监控，可以对不同片区、时段、路外停车场库、路内停车泊位实施不同的停车费率，从而调节停车需求在时间与空间上的分布，达到平衡停车供需的目的。

（五）停车收费机理

从边际成本定价原理出发，停车收费是在对一定区域内的停车设施的充分利用下，对有停车需求的交通出行者征收费用，造成个人边际成本的增大，使得交通出行者放弃原有的交通出行方式，以达到缓解区域交通压力与合理利用停车设施的目的。

如果某区域停车费用较低，使出行者的出行希望效用（承担能力）大于出行成本

（边际个人成本），就会造成过多的小汽车交通涌入该区域，过多的交通出行会造成区域交通路网压力增加，整体运行效率降低，形成"负外部效应"。

停车收费上调机制的作用是上调该区域停车设施费率，从而将小汽车出行者所带来的"负外部效应"内部化，即补偿了该区域停车的社会成本和交通拥挤的外部成本，缓解区域的交通拥挤。

第五章　公路工程施工技术

第一节　公路工程施工技术管理

一、概述

公路工程施工技术管理是施工企业对生产技术工作进行的一系列组织、指挥、协调和控制等活动的总称，也就是对公路工程施工中的各项技术活动（如图纸会审、技术交底、技术检验、科学研究等）和技术工作的各种要素（如技术人员责任制、职工的技术培训、技术装备、技术文件、资料及档案等）进行的科学管理工作。它是实现施工项目控制目标的必要手段，是整个施工管理的重要组成部分。只有将技术管理与具体活动有机地结合起来，才能真正发挥技术管理对实现施工目标的保证作用。

公路工程施工技术管理是根据合同条款和技术规范的要求，通过一定的组织系统，按照规定的程序，运用各种有效和必要的施工方法使工程最终达到一定的标准，满足设计要求，实现设计目的的一系列管理活动。广义来讲，公路工程施工技术管理包括施工机械设备选型配置、施工方案选择、工程进度设计编制与控制、测量试验控制、技术方案实施、材料选择加工、技术资料收集整理等各方面的管理工作，是与工程主体有直接联系的各种表现活动的总称。狭义来讲，公路工程施工技术管理一般都是与技术保障、技术数据、技术文件有关的管理活动。

（一）技术管理的概念

1. 技术管理的作用

为保证施工活动的正常开展，获得高效、优质、低成本的效果，必须采取一定的施工技术措施。因此，制定技术措施、组织及协调技术活动等工作，就成为施工管理的重要内容。概括起来，技术管理工作的作用有以下四点：

①保证施工过程符合施工技术规范和合同文件的要求，在设计文件和图纸规定的技术

要求及技术标准的控制下，使施工生产正常有序地进行。

②不断提高技术管理水平和施工人员的技术素质。依据一定的管理程序，有目的地分析施工中可能存在的技术薄弱环节并预先采取有针对性的措施，力求高质量地完成工程施工任务。

③通过对技术的动态管理，发掘施工中人工、材料及机械设备等资源的潜力，从而在保证工程质量和生产计划的前提下，降低工程成本，提高经营效益。

④通过技术管理，积极研究、开发与推广新技术、新工艺、新材料、新机具，促进企业技术管理现代化，增加技术储备和技术积累，提高企业竞争能力。

2. 技术管理的任务

技术管理的任务，就是对项目施工全过程运用计划、组织、指挥、协调和控制等管理职能促进技术工作的开展，贯彻国家的技术政策、技术法规和上级有关技术工作的指示与决定。动态地组织各项技术工作，优化技术方案，推进技术进步，使施工生产始终在技术标准的控制下按设计文件和图纸规定的技术要求进行，使技术规范与施工进度、质量与成本达到统一，从而保证安全、优质、低耗、高效地按期完成项目施工任务。具体体现在以下三个方面：

（1）加大科学研究工作的开展力度，提高生产的现代化水平

通过提升科学研究水平，在工程结构设计方面尽量采用国内外先进的理论和技术；在施工方面要采用切实可行的先进工艺来缩短建设周期，降低工程成本；在工程质量方面要不断地进行研究和改进，确保工程质量；要大力开展挖潜、革新、改造工作，提高施工生产的现代化水平。

（2）科学地组织各项技术工作，建立良好的技术管理秩序

建立和健全各项技术管理制度；贯彻执行技术规程、技术规范和技术标准，充分发挥技术力量的作用，大力开展技术革新和开发工作，不断采用新技术；开展全面质量管理，确保工程质量，组织安全生产和文明施工。

（3）促进技术研究的组织和技术教育的发展

要努力提高机械化施工水平，做好信息情报和技术资料的管理工作，促进管理工作现代化。

3. 技术管理的内容

公路工程施工是由多工种、多工序构成的复杂的综合过程。其技术管理的主要内容见表 5-1。

表 5-1　技术管理主要内容

技术管理	施工过程技术管理	施工准备阶段技术管理	图纸会审、设计交底、编制施工组织设计、技术交底、施工方案编制
		施工实施阶段技术管理	处理工程变更及修改设计，技术检验。材料及半成品试验、定期组织质量巡检、技术质量保证体系正常运转。组织现场专业研讨会，定期核查施工必需的技术措施
		施工验收阶段技术管理	编制竣工工程的养护方案并指导实施，检查和督促质量评定，检查和督促交工文件并存档，组织开展技术总结、技术成果交流会
	技术开发活动	科技情报与信息系统、技术改进与合理化建议、技术管理制度与技术标准化工作、技术培训	

4. 技术管理的原则

为实现技术管理的任务，技术管理工作的基本原则如下：

①尊重科学技术原理，按照科学技术的要求办事，公路项目施工中的技术要求可分为两类：一类是只适用于公路施工活动的具体技术要求，主要包括施工工艺技术、操作方法、机械设备的使用、安全施工技术等方面的技术要求；另一类是适用于任何生产领域带有普遍性的技术要求，如一切新技术的采用应先经过试验等要求。

②全面讲求经济效果，即技术管理工作要符合经济节约的原则。全面经济效果是与狭隘的经济效果相对立的。狭隘的经济效果是只求单位的和当前的经济效果，并把它作为衡量经济效果的唯一标准和尺度。全面经济效果则与之不同。第一，不仅要注意单位的经济效果，还要看为整个国民经济带来的经济效果；第二，不仅要看当前的经济效果，还要看远期的经济效果，要把两者结合起来。为此，要全面地进行技术经济分析，对重要的施工部分进行多方案比较。

③要贯彻执行国家的技术经济政策。国家根据不同时期的技术经济状况和自然资源的特点，依据科学技术发展规律，对国民经济中的重大技术问题，制定了一系列的技术政策。这些政策保护了技术和经济的统一，应该贯彻执行。例如，在公路建设方面的技术政策有节约木材的政策，节约能源和节约稀缺材料的政策，节约土地、保护农田的政策，保护环境的政策等。技术政策是有时间性即阶段性的，随着生产技术和经济水平的发展而变化。

（二）技术管理的特点

在公路工程项目施工过程中，施工技术管理工作呈现出有动有静、动静结合的特点。

从管理因素和管理效益来说，它们又表现出不同的规律性。

1. 技术管理因素特点

技术管理因素主要指人员、措施及规章制度的影响，其表现出以下特点：

①项目施工技术管理的现场工作是明确固定的，即该项目的施工技术管理的各项制度、标准、要求是确定的。

②项目主要技术负责人、工程各部分和工序的技术负责人是稳定的，以保证项目及工序的技术管理工作的连续性和交工、竣工资料的完整、齐全。

③项目的一般技术工作人员是随着工程进展的需要而增减、调整的，其技术措施是随着项目的内外条件变化而变动的。

④工程队的主要技术负责人根据施工项目的需要巡回流动于各项目之间，检查、指导该队的技术工作。

2. 效益性特点

施工技术管理还具有先导性、时效性、动态性、规范性和经济性五个特点。

（1）先导性

先导性是指技术工作要先行，要抓紧、抓好施工前的技术准备和施工过程中的超前服务和预控。这是项目动态管理在空间上的"动"。推行项目动态管理，要充分利用公司智力密集的优势，组织好施工组织设计的编制工作，结合工程项目的特点，尽量采用新技术、新工艺、新材料、新机具。在项目实施前，集中力量规划好施工方案、主要施工机械的进出场时间，并采取预控措施优化劳动组合。对特殊工种，采取先培训后上岗的办法。根据实际需要在不同项目之间动态调度各种生产要素，为工程项目的实施创造良好的技术条件。这种先导性的技术管理是项目动态管理取得成功的重要保证。

（2）时效性

时效性是指要强调时间观念，提高工作效率。这是项目技术管理在时间上的"动"。对于一定的项目，施工过程有其客观规律性、阶段性和工期目标，而各生产要素的需求在时间上是变化的，动态管理就是一个寻求动态平衡的过程，因此，必须按照施工计划的部署，准确及时地完成施工准备、队伍调动、机械调配和材料供应等工作。而技术管理要在动态中跟踪做好超前服务，如及时进行交工技术资料的整理，做到与施工同步等。

（3）动态性

动态性是指把动态管理作为技术管理的核心，贯穿项目技术管理的全过程。要求改变把施工队伍成建制地固定在某一施工点上进行管理的传统静态做法，而是采取灵活机动的措施，因地制宜地使用人力、财力、机械、物资等灵活生产要素。一个施工队伍往往同时参与几个施工项目，各项目之间工期交叉，或处于不同的施工阶段，因此对资源的需求是此消彼长、错落起伏的。这就要求随时掌握资源、气候条件等施工要素的信息动向，及时收集整理各种原始资料，反馈质量信息，优化施工方案，制定切实可行的技术措施，做好技术管理工作。同时应指出，推行项目动态管理时，虽然人力、财力和物资诸生产要素是流动的，但由于实行了技术工作的统一领导和分级管理、项目总工程师责任制和岗位责任制等管理制度，使技术系统的质量保证体系在每一项目内保持了相对稳定，因而可以充分发挥人的主观能动性和实现资源的优化配置。

（4）规范性

规范性即要求施工技术管理向标准化、规范化的方向发展。规范化是针对具体的工程项目，将先进的适用技术制定出规范性的施工方法并予以推广应用。在项目动态管理条件下，技术管理规范化的一项重要内容就是采用工法制度。工法是以工程为对象，以工艺为核心，用系统工程方法，将先进技术与科学管理相结合，形成具有实用价值、综合配套的新技术。工法既规定了工序、工艺要求、操作规程，又规定了相应的机械设备、劳动组合、质量标准、安全措施、材料消耗、经济分析及工程实例等内容，这与项目动态管理条件下技术管理的特点和要求是一致的。这有利于增强企业的技术积累、技术储备和竞争能力，提高工作效率，确保安全和质量，最终提高企业的综合技术经济效益。所以，标准化工作是企业技术管理的重要工作之一。

（5）经济性

经济性是指要以明确的经济观点指导项目的技术管理，用有效的技术管理工作达到实现更好的综合经济效益的目的。因为竣工工程所具有的价值，由消耗资源、占用土地等要素的价值转移而形成，其中科技含量越高经济效益越好。为此，要求通过科学合理的施工方案、先进可行的技术措施和周密细致的技术管理来节省投资，提高经济效益。项目动态管理追求企业的整体效益，以提高企业整体技术水平为最高目标，技术管理的经济性是以整个施工企业为对象的。企业技术管理的综合经济效益，运用投入产出的观点，计算技术投资与其经济效益效果间的比率来衡量。据此，可用技术进步年效益率来考核施工企业的技术进步工作，其表达式为：

技术进步年效益率＝技术进步取得的年直接经济效益/年施工产值×100%

企业的施工产值一般是逐年增加的，这就促使企业通过加强技术管理推进技术进步，提高经济效益，保证技术进步年效益率的稳步增长。

二、施工技术管理

（一）施工准备阶段的技术管理

施工准备阶段的技术管理是为了创造有利的施工条件，保证施工任务顺利完成。其主要工作内容及基本任务是了解和分析建设工程特点、进度要求，摸清施工的客观条件，编制施工组织设计，合理部署和全面规划施工力量，制订合理的施工方案，充分、及时地从技术、物资、人力和组织等方面为工程施工创造一切必要的条件，使施工过程连续地、均衡地、有节奏地进行，保证工程在规定期限内交付使用，同时使工程施工在保证质量的前提下，做到提高劳动生产率和降低工程成本。在施工准备的诸项工作中，应将以网络计划技术为手段的施工组织设计的编制列为中心内容。

施工组织设计既是指导一个工程项目进行施工准备和施工的基本技术经济文件，又是企业做好项目之间动态平衡的依据。根据各工程项目的施工组织设计，企业可在人力和物力、时间和空间、技术和施工组织上做出一个全面合理的安排，最大限度地满足人力、财力、物资、机械等在项目之间的合理流动，达到在动态中实现平衡的目的。项目动态管理加快了各项工作的节奏，施工组织设计的编制也适应动态管理的需要。为此，应采取以下两项措施：

1. 加强施工组织设计编制的组织工作

在工程承包合同签约以后，及时组织编制。大型工程项目由企业总工程师领导，企业技术管理部门具体组织，项目经理部及参加施工作业层有关人员具体编写。中小型项目由项目总工程师组织项目经理部技术管理机构和参加施工的作业层有关人员一起编写。为了加快编制进度，由组织编制者将编写内容列出提纲，对参加编写的人员明确分工，落实责任到人，限定时间完成，再由主编汇总整理，组织讨论，修改定稿。编制过程中尽可能将文稿录入计算机，采用专业软件进行处理，最后将成果送技术管理部门审核。大型工程项目的施工组织设计报企业总工程师审定，企业经理批准中小型项目由项目总工程师审定，项目经理批准。

2. 管理标准化

施工组织设计的编制依据、编写格式、基本内容和编写审批程序应有统一规定，实行标准化管理。编制时尽可能采用图表形式，为组织集体编写创造条件。施工组织设计的编写内容包括：工程概况、工程施工任务量、施工综合进度控制计划、施工资源安排、重点工程的施工方案和技术组织措施、工程质量管理和安全施工措施、施工总平面图布置、物资供应管理、预计存在的问题等。

（二）施工过程中的技术管理

施工过程中的技术管理即施工现场技术管理，是施工技术管理的主要内容。项目经理部为了实现质量、工期、成本、安全的预定目标，做好现场文明施工，必须加强施工过程的技术管理，其主要内容如下：

①做好图纸会审，坚持按图施工。

②编制并优化施工方案或施工措施，包括施工技术组织，降低成本措施，合理化建议等。严格按照施工组织设计和施工方案的各项要求组织施工，做好技术交流，认真执行规范和规程，保证施工质量和施工安全。

③及时检查施工进度和计划执行情况，并根据实际变化有效地调整资源使用计划，确保工程按期完成。

④认真做好施工记录和隐蔽工程检查记录。

⑤做好施工技术资料的积累和整理，确保与施工进度同步。

在项目动态管理过程中，施工节奏快，工序施工周期短，人员流动频繁。因此，各种施工记录和隐蔽工程检查记录以及一切施工技术资料的积累必须及时，与施工进度保持同步。在施工过程中，记好施工日志，按规定填写各种交工技术表格，由各有关人员签证认可，并办理质量评定验收手续。对于每个分部工程，一旦施工完毕，必须及时将施工结果的真实情况记录在案。为此，项目经理部应结合网络计划节点考核，同时考核施工技术资料的积累是否与工程进度保持同步。企业管理部门也应定期组织到各项目施工现场巡回跟踪服务，检查和督促这项工作的开展情况。

在施工过程中推行技术系统目标控制管理，对顺利完成各项技术管理工作是非常有效的。技术系统目标管理是方针目标管理在技术系统管理中的具体应用。其要求从技术管理、质量管理、安全技术、试验检测、计量管理、技术进步等方面，将方针目标层层展开，抓住主要控制环节，制定出实施对策并明确责任单位和完成日期。其核心是用现代化的管理技术与方法实行目标预控，体现管理的先导性和规范性。其措施和方法是从基础工作入手，进行全过程与全员的控制并通过层层相关的计划—执行—检查—总结循环运作，在动态中逐个实现分解的具体目标，从而在项目实施过程中保证总目标的最终实现。

（三）竣工验收阶段的技术管理

竣工验收是工程施工的最后一个环节，是全面考核施工成果、检验施工质量的重要技术管理阶段。它开展的主要工作如下：

①组织试验人员进行以试通车为主的全面实验检查。

②按单位工程组织预验收，填报竣工报告。

③整理交工报告，编写技术总结。

④向业主及监理工程师办理竣工验收和交工技术文件归档。

竣工验收阶段时间短，工作量大，因此，在该阶段应特别重视做好交工资料的收集和整理并与工程完工尽可能同步，保证迅速交工。

交工技术资料的整理有两项内容。一是将平时积累的资料审查整理，检查有无错项和遗漏，使之成为一套完整齐全、先后有序、真实可靠、质量达标的竣工资料。二是竣工图的绘制。由施工企业负责绘制的竣工图有两种情况。一种是按原图施工没有变动的，只要在原施工图上加盖"竣工图"章后，即作为竣工图归档。这种情况比较简单，工作量不大。另一种情况是在施工中仅做一般性设计变更，要求在施工图上说明修改的部位，并附上设计变更文件，或直接在施工图上修改，再加盖"竣工图"章。作为竣工图，这种情况的工作量较大。为了减少工作量，提高功效，缩短绘制时间，可采用刻有"此处有修改，见××号设计变更联络笺"和"此处有修改，见×月×日技术签证"的印章，并印在施工图的修改部位附近，再填上联络笺字号或技术签证日期，最后再加盖"竣工图"章。

为了抓紧、抓好交工验收及竣工验收工作，作业层和项目经理部必须在工程竣工后一定时间（一般是 1 个月）内，将交工技术资料和竣工图整理装订成册，送交项目监理工程师审核，在一个月内与业主办理手续并返回技术资料一份，送交企业综合档案室存档。这一工作应视为施工进度控制网络计划延伸的最后一个节点，列入节点考核内容。

第二节　路基工程施工技术

一、路基工程基本知识

（一）路基的概念与分类

公路路基是路面的基础，是线形承重主体，承受着自身土体的自重和路面结构的重量，以及由路面传递下来的行车荷载。没有稳定坚固的路基，就不会有一个好的路面。松软的路基会产生不均匀下沉现象，造成路面开裂和不平整，进而影响行车的速度、安全、舒适和道路的畅通。

根据填挖情况的不同，路基可分为路堤、路堑和填挖结合路基三种类型。路堤是指全部用岩、土（或其他填料）填筑而成的路基；路堑是指全部开挖形成的路基；当天然地面横坡比较大，一侧开挖，另一侧填筑时，称为填挖结合路基，也称半堤半堑路基。

对于一级公路和高速公路，路基又可分为整体式断面路基和分离式断面路基两类。对于路堤来讲，按路基的填土高度不同，又可划分为矮路基（小于 1.5 m）、高路基（大于 18 m）和一般路基（1.5~18 m）。按填料不同，又可分为土质路基、石质路基和土石混合路基。路基在结构上又分为上路堤和下路堤、路床。路床是指路面底面以下 0~0.8 m 的路基部分，又可分为上路床和下路床；上路堤是指路面底面以下 0.8~1.5 m 的填方部分；下路堤是指上路堤以下的填方部分。

路堑按其开挖方式的不同，又可分为全挖式路基、台口式路基和半山洞式路基。按其材质不同，路堑又可分为土质路堑和石质路堑。

（二）路基施工的特点和基本要求

1. 路基施工的主要特点

①土石方数量大，不同路段工程数量差别大：一般平原微丘区的二级公路每千米土石方数量在 10 000~22 000 m²；山岭重丘区更是数量巨大，不同路段的挖填方数量差别大。

②材质差别大：无论是填方路段还是挖方路段，路基工程都是宜土则土，宜石则石。土路基本身也有不同土质类型，如粉性土、砂性土、黏性土、黄土，还有须加固处理的软土等。石质路基材质有可能是石灰岩、沉积岩、变质岩或是火山岩，无论其风化程度如何，只要其强度满足要求，都可以用作路基填料。在同一道路的同一路段上，出现多种材质混合的可能性比较大。

③施工方法因地制宜：由于地形地貌、地质水文、气象、现有交通条件等诸多条件的制约，施工方法宜挖则挖、宜爆则爆，多种多样，因地制宜。

④路基工程和桥梁工程、涵洞工程、防护工程、路面工程等在施工中相互干扰、相互影响，应认真组织，妥善安排。

⑤应注意环境和生态保护，防止取土、弃土和排水沟、边沟等影响农田水利和排灌系统。

2. 车辆荷载对路基工程的基本要求

①具有足够的整体稳定性。

②具有足够的强度，也就是抵抗变形的能力。

③具有足够的水温稳定性，即在最不利的水温条件下，保持路基的强度仍能满足设计和行车荷载对路基的要求。

3. 路基工程施工的基本要求

①路基工程施工应满足设计和使用要求，并把试验检测作为主要的监控手段来指导路基工程施工。

②路基施工宜移挖作填，即使用路堑段的挖方用作路堤填筑段的填方，减少占用土地并有利于环境保护，减少对自然景观的破坏，保持与地形地貌的协调。

③路基施工应严格按照规范要求来组织，特殊地区的路基施工采取相应的技术措施。

④石方挖方路基的施工，不宜采取大爆破的方法进行。必须使用时，须请有相应设计

施工资质的单位，做出专门的设计，反复论证后，按大爆破的有关规定组织和实施。

（三）路基填料

路基填筑工程量巨大，路基填料的选择一般采取因地制宜的原则，宜土则土，宜石则石。凡是具有规定强度且能被压实到规定密实度和能形成稳定路基的材料均为适用的填料。也就是说，无论是细粒土、粗粒土或是爆破之后的岩石或工业废渣，只要符合一定的技术要求，都可以用作路基填料。但在路基填料的选择上还要注意以下几点：

①路基填方应优先考虑使用级配较好的砾类土、砂类土等粗集料做填料，填料的最大粒径应小于 150 mm。

②当采用细粒土做填料时，最为符合规定。

③泥炭、淤泥、冻土、强膨胀土、有机土及易溶盐超过允许含量的土，不得直接用于填筑路基。液限大于 50%，塑性指数大于 26 的土以及含水量超过规定的土，也不得直接用于路基填料。确须使用上述土或黄土填筑路基时，必须采取一定的改善措施，使其满足要求，并取得监理工程师批准。

④钢渣、粉煤灰等可用作路基填料，其他工业废渣使用前应进行有害物质的检测，以免对土地和水源造成污染。

⑤浸水路基应选用渗水性良好的材料填筑，如中等颗粒的砂砾、级配碎石等，不应直接采用粉质土填筑。如必须采用细砂、粉砂等易液化的材料做填料，应考虑防止振动液化的技术措施。

⑥桥梁台背应优先选用渗水性好的填料，在渗水材料缺乏的地区，可以使用石灰、水泥、粉煤灰等单独或综合处置的细粒土。

⑦填石路基的石块最大粒径应小于厚度的 2/3，路床顶面 50 cm 厚度内不得使用石块填筑。

（四）路基施工期间的防水与排水

①在路基工程施工期间，为防止工程或附近农田、建筑物及其他设施受冲刷淤积，应修建临时排水设施，以保持施工场地处于良好的排水状态。

②临时性排水设施应与永久性排水设施相结合。施工场地流水不得排入农田、耕地或污染自然水源，也不应引起淤积、阻塞和冲刷。

③施工时，无论挖方或填方，都应做到各施工层表面不积水。因此，各施工层应随时保持一定的泄水横坡或纵向排水通道。挖方路基顶面或填方基底含水率过大时，应采取措施降低其含水率。

④临时排水设施及排水方案应报请监理检查验收。

（五）路基基本施工方法

路基施工方法大致可分为以下几种。

①人工施工。采用手工工具，如小推车、扁担、铁锹，人工填筑的施工方法。人工施工工效低，进度慢，古代和近代的道路基本使用这种方法施工。目前道路施工中，特别是小的项目和施工机械无法进入的区域，如庭院人行小路、块石路面，也主要采取人工施工方法。

②简易机械化施工。以人工为主、简易机械为辅的施工方式，采取人工战术，仅在碾压、整形等环节使用机械作业。20世纪80年代以前，由于缺乏机械，我国道路施工和河道清淤多采取这种施工组织方式。

③机械法施工。使用配套机械（个别工序辅以人工）相互协调，共同形成主要工序的综合机械化施工方法，目前高等级公路的施工都采用这种方法。

④爆破法施工。主要适用于石质路堑和隧道施工。

⑤水力机械法施工。使用水泵、水枪等水力机械喷射强力水流，冲散土层并流至指定地点沉积。这种方法对电力和水源要求高，且沉积时间长，难以控制工程质量，目前在公路施工中很少使用。

（六）路基填方试验路段

对于一级以上公路，或使用新材料、新技术、新工艺、新设备的施工路段，施工单位在正式施工之前，应首先进行一定长度的试验路段，试验路段的施工方法与正式施工相同。进行试验路段的目的是：确定填方施工的松铺厚度，验证最佳含水量范围，确定碾压组合形式，确定最佳的机械配套和施工组织。路段试验应对所有的试验环节做好记录，包括：压实设备的类型，碾压组合方式，碾压速度和碾压遍数，含水量的大小及均匀程度，有无出现翻浆及处理办法，填料的松铺厚度及压实厚度，最后实测的压实度等。试验结果作为以后该种填筑材料施工控制的重要依据。

二、一般路基施工

（一）土质路堤施工

1. 施工取土

①路基填方取土，应根据设计要求，结合路基排水和当地土地规划、环境保护要求进

行，不得任意挖取。

②施工取土应不占或少占良田，尽量利用荒坡、荒地，取土深度应结合地下水等因素考虑，利于复耕。原地面耕植土应先集中存放，以利再用。

③自行选定取土方案时，应符合下列技术要求。第一，地面横向坡度陡于1:10时，取土坑应设在路堤上侧。第二，桥头两侧不宜设置取土坑。第三，取土坑与路基之间的距离，应满足路基边坡稳定的要求。取土坑与路基坡脚之间的护坡道应平整密实，表面设1%~2%向外倾斜的横坡。第四，取土坑兼作排水沟时，其底面宜高出附近水域的常水位或与永久排水系统及桥涵出水口的标高相适应，纵坡不宜小于0.2%，平坦地段不宜小于0.1%。第五，线外取土坑等与排水沟、鱼塘、水库等蓄水（排洪）设施连接时，应采取防冲刷、防污染的措施。

④对取土造成的裸露面，应采取整治或防护措施。

2. 施工方法

路堤填筑是把填料用一定方式运送上堤进行铺平、碾压密实的过程。路堤填筑分为分层填筑法、竖向填筑法和混合填筑法三种方法。

（1）分层填筑法

路堤填筑根据不同的土质，从原地面逐层填起并分层压实，每层填土的厚度可按压实机具的有效压实深度和压实度确定。分层填筑法又可分为水平分层填筑和纵向分层填筑两种。

①水平分层填筑：填筑时按照横断面全宽分成水平层次，逐层向上填筑，如原地面不平，应由最低处分层填起，每填一层，经过压实符合规定要求之后，再填上一层，依此循环进行直至达到设计高程。

②纵向分层填筑：此方法适用于用推土机从路堑取土填筑距离较短的路堤，依纵坡方向分层，逐层向上填筑，原地面纵坡大于12%的地段常采用此法。

（2）竖向填筑法

竖向填筑是指从路基一端或两端同时按横断面的全部高度，逐步推进填筑。此方法适用于无法自下而上填筑的深谷、陡坡、断岩、泥沼等运土和机械无法进场的路堤。

竖向填筑因填土过厚不易压实，施工时要选用沉陷量较小、透水性较好及颗粒粒径均匀的砂石材料或附近开挖路堑的废石方，并一次填足路堤全宽度；选用振动式或夯击式压实机械；暂时不修建较高级的路面，容许短期内自然沉落。

（3）混合填筑法

在路堤下层竖向填筑，上层水平分层填筑，使上部填土经分层压实获得需要的压实度。

此方法适应于因地形限制或填筑堤身较高,不宜采用分层填筑法和竖向填筑法自始至终进行填筑的情况。在深谷陡坡地段填筑路堤,尽量采用混合填筑法。施工时可以单机作业,也可多机作业,一般沿线路分段进行,每段距以 20~40 m 为宜,多在地势平坦或两侧有可利用的山地土场的场合采用。

3. 施工要点

(1) 地基表层处理应符合下列规定

①二级及二级以上公路路堤基底的压实度应不小于 90%;三级、四级公路应不小于85%。路基填土高度小于路面和路床总厚度时,基底应按设计要求处理。

②原地面坑、洞、穴等,应在清除沉积物后,用合格填料分层回填,分层压实。

③泉眼或露头地下水,应按设计要求,采取有效导排措施后方可填筑路堤。

④地基为耕地、松散土、水稻田、湖塘、软土、高液限土等时,应按设计要求进行处理,局部软弱的部分也应采取有效的处理措施。

⑤地下水位较高时,应按设计要求进行处理。

⑥陡坡地段、土石混合地基、填挖界面、高填方地基等都应按设计要求进行处理。

(2) 路堤填筑应符合下列规定

①性质不同的填料,应水平分层、分段填筑、分层压实。同一水平层路基的全宽应采用同一种填料,不得混合填筑。每种填料的填筑层压实后的连续厚度不宜小于 500 mm。填筑路床顶最后一层时,压实后的厚度应不小于 100 mm。

②潮湿或冻融敏感性小的填料应填筑在路基上层,强度较小的填料应填筑在下层。在有地下水的路段或临水路基范围内,宜填筑透水性好的填料。

③在透水性不好的压实层上填筑透水性较好的填料前,应在其表面设 2%~4% 的双向横坡,并采取相应的防水措施。不得在由透水性较好的填料所填筑的路堤边坡上覆盖透水性不好的填料。

④每种填料的松铺厚度应通过试验确定。每一填筑层压实后的宽度不得小于设计宽度。

⑤路堤填筑时,应从最低处起分层填筑,逐层压实;当原地面纵坡大于 12% 或横坡陡于 1:5 时,应按设计要求挖台阶,或设置坡度向内并大于 4%、宽度大于 2 m 的台阶。

⑥填方分几个作业段施工时,接头部位如不能交替填筑,则先填路段,按 1:1 坡度分层留台阶。如能交替填筑,则应分层相互交替搭接,搭接长度不小于 2 m。

(3) 选择施工机械

应考虑工程特点、土石种类及数量、地形、填挖高度、运距、气候条件、工期等因素经济合理地确定。填方压实应配备专用碾压机具。

（4）压实度检测应符合以下规定

①用灌砂法、灌水（水袋）法检测压实度时，取土样的底面位置为每一压实层底部；用环刀法试验时，环刀中部处于压实层厚的1/2深度；用核子仪试验时，应根据其类型，按说明书要求办理。

②施工过程中，每一压实层均应检验压实度，检测频率为每 1 000 m² 至少检验两点，不足 1 000 m² 时检验两点，必要时可根据需要增加检验点。

（二）填石路堤施工

1. 填料要求

路堤填料粒径应不大于 500 mm，并不宜超过层厚的2/3，不均匀系数宜为 15~20。路床底面以下 400 mm 范围内，填料粒径应小于 150 mm，路床填料粒径应小于 100 mm。

2. 填筑方法

填石路堤的填筑施工方式有倾填（含抛填）和逐层填筑、分层压实两种。倾填又可分为石块从岩面爆破后直接散落在准备填筑的路堤内和用推土机将爆破后堆置在半路堑上的石块以及用自卸汽车从远处运来的爆破石块推入路堤两种情况。高速公路、一级公路和铺设高级路面的其他等级公路的填石路堤不宜采用倾填式施工，而应采用分层填筑、分层压实的方法。二级及二级以下且铺设低级路面的公路在陡峻山坡段施工特别困难或大量爆破以挖作填时，可采用倾填方式将石料填筑于路堤下部，但倾填路堤在路床底面下不小于 1.0 m 范围内仍应分层填筑压实。

采用分层填筑方式施工，又可分为机械作业和人工作业两种方法。机械施工分层填筑时，高速公路及一级公路分层松铺厚度一般为 50 cm，其他公路为 100 cm。施工中应安排好石料运行路线，专人指挥，按水平分层，先低后高、先两侧后中央卸料。由于每层填筑厚度较大，故摊铺平整工作必须采用大型推土机进行，个别不平处应配合人工用细石块、石屑找平，当石块级配较差、粒径较大、填层较厚、石块间的空隙较大时，可于每层表面的空隙里扫入石渣、石屑、中砂、粗砂，再以压力水将砂冲入下部，反复数次，使空隙填满。人工摊铺、填筑填石路堤，当铺填粒径 25 cm 以上石料时，应先铺填大块石料，大面向下，小面向上，摆平放稳，再用小石块找平，石屑塞填，最后压实；铺填粒径 25 cm 以下石料时，可直接分层摊铺，分层碾压。

3. 施工要点

①基层处理时：其承载力应满足设计要求；在非岩石地基上填筑填石路堤前，应按设计要求设过渡层。

②路堤施工前：应先修筑试验路段，确定满足孔隙率标准的松铺厚度、压实机械型号

及组合、压实速度、压实遍数、沉降差等参数。

③路床施工前：应先修筑试验路段，确定能达到最大压实干密度的松铺厚度、压实机械型号及组合、压实速度、压实遍数、沉降差等参数。

④岩性相差较大的填料应分层或分段填筑：严禁将软质石料与硬质石料混合使用。

⑤中硬、硬质石料填筑路堤时：应进行边坡码砌。码砌边坡的石料强度、尺寸及码砌厚度应符合设计要求。边坡码砌与路基填筑宜基本同步进行。

⑥压实机械宜选用自重不小于 18 t 的振动压路机。

⑦在填石路堤顶面与细粒土填土层之间应按设计要求设过渡层。

4. 质量检验

①上路堤、下路堤的压实质量标准。

②填石路堤施工过程中的每一压实层，可用试验路段确定的工艺流程和工艺参数，控制压实过程；用试验路段确定的沉降差指标检测压实质量。

③填石路堤填筑至设计标高并整修完成后，其施工质量应符合规定。

④填石路堤成形后的外观质量标准：路堤表面无明显孔洞；大粒径石料不松动，铁锹挖动困难；边坡码砌紧贴、密实，无明显孔洞、松动，砌块间承接面向内倾斜，坡面平顺。

（三）土石路堤施工

土石路堤是指石料含量占总质量 30%~70% 的土石混合材料填筑的路堤。

1. 填料要求

①膨胀岩石、易溶性岩石等不宜直接用于路堤填筑，崩解性岩石和盐化岩石等不得直接用于路堤填筑。

②天然土石混合填料中，中硬、硬质石料的最大粒径不得大于压实层厚的 2/3；石料最大粒径不得大于压实层厚。

2. 填筑方法

土石路堤不得采用倾填方法，只能分层填筑、分层压实。

当土石混合料中石料含量超过 70% 时，宜采用人工铺填，即先铺填大块石料，且大面向下，放置平衡，再铺小块石料、石渣或石屑嵌缝找平，然后碾压。当土石混合料中石料含量小于 70% 时，可用推土机将土石混合料铺填，每层铺填厚度应根据压实机械类型和规格确定，不宜超过 40 cm。用机械铺填时应注意避免硬质石块，特别是集中在一起的尺寸大的硬质石块。

3. 施工要点

①在陡坡、斜坡地段，土石路堤靠山一侧应按设计要求做好排水和防渗处理。

②压实机械宜选用自重不小于18 t的振动压路机。

③施工前应根据土石混合材料的类别分别进行试验路段施工，确定能达到最大压实干密度的松铺厚度、压实机械型号及组合、压实速度及压实遍数、沉降差等参数。

④碾压前应使大粒径石料均匀分散在填料中，石料间孔隙应填充小粒径石料、土和石渣。

⑤压实后透水性差异大的土石混合材料，应分层或分段填筑，不宜纵向分幅填筑。如确需纵向分幅填筑，应将压实后渗水良好的土石混合材料填筑于路堤两侧。

⑥土石混合材料来自不同料场，其岩性或土石比例相差较大时，宜分层或分段填筑。

⑦填料由土石混合材料变化为其他填料时，土石混合材料最后一层的压实厚度应小于300 mm，该层填料最大粒径宜小于150 mm。压实后，该层表面应无孔洞。

⑧中硬、硬质石料的土石路堤，应进行边坡码砌。码砌边坡的石料强度、尺寸及码砌厚度应符合设计要求。边坡码砌与路堤填筑宜基本同步进行。软质石料土石路堤的边坡按土质路堤边坡处理。

4. 质量检验

①中硬、硬质石料土石路堤在施工过程中的每一次压实层，可用试验路段确定的工艺流程和工艺参数，控制压实过程；用试验路段确定的沉降差指标，检测压实质量。路基成形后质量应符合规定。

②软质石料填筑的土石路堤应符合地基表层处理的规定。

③土石路堤的外观质量标准包括路基表面无明显孔洞；大粒径填石无松动，铁锹挖动困难；中硬、硬质石料土石路基边坡码砌紧贴、密实，无明显孔洞、松动，砌块间承接面应向内倾斜，坡面平顺。

（四）挖方路基施工

1. 土质路开挖

第一，土方开挖方法。

路堑开挖施工，除须考虑当地的地形条件、采用的机具等因素外，还须考虑土层的分布及利用。在路堑开挖前，应做好现场伐树除根等清理工作和排水工作。移挖作填时，还应将表层土单独摒弃，或按不同的土层分层挖掘，以满足路堤填筑的要求。路堑的开挖方法根据路堑深度、纵向长短及现场施工条件，可采用横向挖掘法、纵向挖掘法和混合式掘进开挖法。

①纵向全宽掘进开挖（横向挖掘法）是在路线一端或两端，沿路线纵向向前开挖。单层掘进开挖，其高度即等于路堑设计深度，掘进时逐段成形向前推进，由相反方向运土送出。单层掘进的高度受到人工操作安全及机械操作有效因素的限制，如果施工紧迫，对于较深路堑，可采用双层纵向掘进开挖，上层在前，下层随后，下层施工面上留有上层操作的出土和排水通道。双层或多层开挖，增多了施工工作面，加快了施工进度，层高应视施工方便且能保证安全面定，一般为 1.5～2.0 m。

②横向通道掘进开挖（纵向挖掘法）是先在路堑纵向挖出通道，然后分段同时由横向掘进。此法工作面多，既可人工施工，亦可机械施工，也可分层纵向开挖，即将路堑分为宽度和深度都合适的纵向层次向前掘进开挖，可采用各式铲运机施工。在短距离及大坡度时，可用推土机施工，如较长、较宽的路堑，可用铲运机并配以运土机具进行施工。

③混合式掘进开挖是横挖法和纵挖法的混合使用，即先顺路堑开挖通道，然后沿横向坡面挖掘，以增加开挖坡面，每一开挖坡面应能容纳一个施工组或一台开挖机械作业。在较大的挖土地段，还可沿横向再挖沟，配以传动设备或布置运土车辆。当路线纵向长度和深度都很大时，宜采用混合式掘进开挖法。

第二，土方开挖施工要点。

①土方开挖应自上而下进行，不得乱挖超挖，严禁掏底开挖，土方应分类开挖分类使用，非适用材料应按设计要求或作为弃方按规定处理。开挖过程中，应采取措施保证边坡稳定。开挖至边坡线前，应预留一定宽度，预留的宽度应保证刷坡过程中设计边坡线外的土层不受到扰动。

②路基开挖中，基于实际情况，如须修改设计边坡坡度、截水沟和边沟的位置及尺寸等时，应及时按规定报批。边坡上稳定的孤石应保留。开挖至零填、路堑路床部分后，应尽快进行路床施工；如不能及时进行，宜在设计路床顶标高以上预留至少 300 mm 厚的保护层。采取临时排水措施，确保施工作业面不积水。挖方路基路床顶面终止标高，应考虑因压实而产生的下沉量，其值通过试验确定。

③边沟与截水沟应从下游向上游开挖，截水沟通过地面坑凹处时，应将凹处填平夯实。边沟及截水沟开挖后，应及时进行防渗处理，不得渗漏、积水和冲刷边坡及路基。

④挖方路基施工遇到地下水时，应采取排导措施，将水引入路基排水系统，不得随意堵塞泉眼。路床土含水量高或为含水层时，应采取设置渗沟、换填、改良土质、土工织物处理措施，路床填料应具有良好的透水性能。

2. 石质路堑施工

（1）石质路堑施工注意事项

采用松土法或破碎法施工应注意的事项与土质路堑开挖基本相同。当采用爆破施工时，应注意以下事项：

①爆破影响区内既有建筑物、管线的调查：一旦确定采用爆破法开挖岩石后，应查明爆破区内有无电力、电信、供排水管道等地面、地下管线，既有建筑物的类型权属、年限等。若有管线，还应明确其具体的平面位置、埋置深度、迁移可行性。此外，对开挖边线范围外的既有建筑物、各类管线距离、权属也应充分调查，以便制订爆破方案，确保线外建筑物、管线的安全。

②报请当地公安等部门审批爆破方案：对大型、中型爆破，确定方案后，应分别报送当地公安局，建筑物及管线的直接单位及主管部门、监理工程师审批。

③持证上岗：持证上岗是杜绝爆破伤亡事故的根本保证。凡从事爆破作业的施工人员均必须经过专业培训，取得爆破证书后才能上岗。必须一人一证，严禁一证多人使用。

④清渣工作：清渣应自上而下，将松动的、破碎的岩石撬落。不准掏"神仙渣"（即在下面往里掏成悬岩状，石渣在自重的作用下坍落），以免坍塌伤人。目前，多用大功率推土机集石装载机装车，或直接用斗容量 1.5~2.0 m^2 的正铲挖掘机装车。对特大的孤石，可采用钢钎炮二次爆破解小。

⑤安全：爆破施工安全包括爆破器材安全管理，施工操作安全，及警戒线之内的其他人员、物资安全。爆破施工是一项危险作业，要求杜绝各种事故的发生，做到安全生产。对爆破作业的每一道工序，都必须认真执行各有关爆破安全规程，有组织、有计划、有步骤地进行施工。为了避免事故，石方爆破作业以及爆破器材的管理、加工、运输检验和销毁等工程均应按国家现行规定执行。

爆破器材安全管理。所有爆破器材、雷管、炸药应在指定地点分开存放，相距不得小于 1 km，距离施工现场不得小于 3 km。存放仓库应保持良好的通风，设置避雷设施。库房周围设围墙，无关人员不得入内，严禁烟火。仓库应配备 24 小时全天候看守的警卫值勤人员，配备良好的、足够的防火设备。临时性爆破器材仓库禁止安装电灯照明，可用自然采光或安全手电筒。临时性爆破器材仓库的最大库存量：炸药 10 L，雷管 20 000 发，导火索 10 000 m。库房内设单独的发放间，雷管和炸药分开存放，间距在 8 m 以上。爆破器材应有专人负责入库、发出，健全各种手续。在雷雨天气不得办理爆炸物品的收发工作。

施工操作安全。爆破施工环节，包括钻孔、导洞开挖、装药、堵塞、起爆等，这些环节都具有危险性。

钻孔和导洞开挖时，所有作业人员必须戴安全帽和必要的劳保用品。洞口和险道设置栏杆，并有足够的照明。洞内采用 12~36 V 的低压安全灯，严禁高压或明火照明。洞口开挖前应处理危石，以确保安全，否则采取支撑。导洞深度越过 6 m 时，应采取通风措施。经常检查洞内风量、气压和有害气体含量。装药、堵塞、起爆阶段，应注意以下几点：第一，炮孔、洞室完成后及时报验，合格后方可装药；第二，药包只准在爆破附近的安全地点进行；第三，在炸药、雷管送达洞口前，将洞内所有电线取出，改用绝缘手电筒或蓄电池灯照明，严禁烟火；第四，装药、堵塞严格按设计要求操作，不准用块石压盖药包，并注意保护起爆线；第五，装药、堵塞后，由经过专职培训合格的爆破工连线；第六，爆破区边界和通道设岗哨和标志，爆破信号和解除信号要及时、显著；第七，爆破后应对爆破现场进行认真检查，发现瞎炮及时、安全处理。

⑥排水：节理发育的岩石，例如，石灰岩地区，地表水会沿裂缝往下渗入，一般不用设截水天沟。但在开挖区内应在纵向、横向形成坡面，确保工作面不积水。其他石质路堑视现场而定。

（2）炮型的选择

公路工程爆破炮型种类繁多，分类方法也不尽相同。影响炮型选择的因素很多，包括石方的集中程度，路堑开挖深度，地质、地形条件，公路路基横断面形状及施工机械。其中施工机械往往是炮型选择的决定性因素。

按工作动力不同，凿岩机可分为风动凿岩机、液压凿岩机、电动凿岩机和内燃凿岩机。风动凿岩机采用压缩空气为动力，结构简单，质量轻，工作安全可靠，操作维修方便，适用于任何硬度的岩石。液压凿岩机是近年发展起来的一种新型凿岩机，具有单一动力，低消耗，可实现一人多机操作，现场调整参数等优点。目前，爆破大多采用这类凿岩机械。电动凿岩机、内燃凿岩机或因可靠性差，或因笨重，实际没有前两种使用普遍。

（3）公路工程特殊爆破技术

公路工程施工中比较常用的有光面爆破、预裂爆破、定向爆破、微差爆破等。

①光面爆破：是指在开挖界面的周边，适当排列一定间隔的炮孔，在有侧向临空面的情况下，用控制抵抗线和落量的方法使爆破后的坡面保持光滑、顺直、平整而不受明显破坏的爆破方法。光面爆破具有以下特点：一是爆破后成形规整，路基断面符合设计轮廓，特别在松软岩层中更能显示出光面爆破的作用；二是爆破后不产生或很少产生爆震裂隙，新岩面保持原有稳定性，岩体承载能力不致下降，因而可有效地保证施工安全，为快速施工创造有利条件；三是新岩壁平整，通风阻力小，岩面上应力集中现象减少，在深部岩壁表面可以减少岩爆危害。

光面爆破属于控制爆破，其机理是沿开挖轮廓线布置间距减少的平行炮眼，在这些岩面炮眼中进行药量减少的不耦合装药（即采用间隔药包、间隔钻孔装药，通常是使炮孔直径大于药卷直径1~2倍），然后同时起爆，爆破时沿这些炮眼的中心联线破裂成平整的光面。光面爆破时由于采用不耦合装药，药包爆炸后，炮眼壁上的压力显著降低，此时药包的爆破作用为准静压作用，当炮孔压力值低于岩石抗压强度时，在炮眼壁上不至于造成

"压碎"破坏，因此爆炸引起的应力和凿岩时在炮眼壁上造成的应力状态相似，只能引起少量的径向细微裂隙。裂隙数目及其长度随不耦合系数（一般为 1.1～3.0，其中 1.5～2.5 用得较多）和装药量不同而不同，一般说，在药包直径一定时，不耦合系数值愈大，药量愈小，则细微裂隙数愈少，而长度也愈短。光面炮眼同时起爆时，由于起爆器材的起爆时间误差，不可能在同一时刻爆炸，先起爆的药包的爆炸应力作用在炮眼周围产生细微径向裂隙。由于相邻炮眼的导向作用，沿相邻两炮眼中心联线的那条径向裂隙得到优先发育，在爆炸气体作用下，这条裂隙继续延伸和扩展，在相邻两炮眼的炮眼连线与眼壁相交处产生应力集中，此处拉应力值最大。该相邻两炮眼中爆炸气体的气楔作用将这些径向裂隙加以扩展，成为贯通裂隙，最后造成光面。

光面爆破施工的主要技术要点有以下几点。

A. 选择要求工作空间较小的优良钻机，精确凿岩，控制炮眼底部的偏离，严格保持炮孔在同一平面内。

B. 光面爆破应在主炮起爆之后，间隔时间在 25～50 m/s 范围内；同一排炮孔必须同时爆破，以免影响起爆质量，最好用传爆线起爆。

C. 采用恰当的药包结构，并控制装药量。一般地，光面爆破装药量比正常减少 1/3～1/2，炮孔直径不大于 50 mm，且大于药卷直径 1～2 倍，或采用间隔药包、间隔钻孔装药。

D. 边孔间距可通过计算确定，也可由工地试验决定，曲线边孔应加密到 0.2 m，采用小孔径，可间隔 1～2 孔装药。

②预裂爆破：是沿岩体设计开挖面与主孔之间布置一排预裂主炮孔，并使预裂炮孔超前主炮孔起爆（一般超前 50～150 m/s 起爆），从而沿设计开挖面将岩石拉断，形成贯通预裂，使爆破主体与山体分离形成隔震减震带，为全部爆破完成后岩石开挖面形成要求的轮廓的一种爆破方法。

预裂爆破是在没有侧向空面和最小抵抗线的情况下，按一定间距钻一排小孔距平行炮孔，孔内装入少量炸药，在开挖区主爆起爆之前，这些炮孔首先爆破，预裂出一条裂缝。预裂缝在一定范围内减小主炮炮孔的爆破震动效应，使开挖界限以外的山体或建筑物免遭爆破震动的破坏，并且防止额外超爆，有效保护开挖边坡，减小破坏。预裂爆破是在光面爆破基础上发展起来的一项特殊爆破技术。

施工时，为了获得良好的预裂爆破效果，除选择合理的爆破参数、起爆顺序和布孔方式外，更应精确掌握施工方法、操作要点，掌握好"孔深、方向和倾斜角度"三大要素，一般孔底的钻孔偏差不应大于 15 cm。对钻孔的质量应十分重视，符合设计要求。

③定向爆破：就是利用爆破的作用，将大量的岩石和土按照指定的方向搬移到一定的地点，并堆积成一定形状的填方。定向爆破的基本原理，就是炸药在岩石或土内部爆炸

时，岩石和土是沿着最小抵抗线，即沿着从药包到临空面最短距离的方向而抛出去，因此，合理选择临空面并布置炮孔是定向爆破的一个重要问题。临空面可以利用自然的地形，也可以在爆破地点，用人工方法造成需要的孔穴或空向槽作为临空面，以便能够按照需要的方向，将爆破的岩石抛向指定的位置。

④深孔多排微差爆破：指前后或相邻炮孔内的药包以毫秒的时间间隔（一般为15～75 m/s）依次起爆。微差爆破的特点是在装药量相等的条件下，可减震1/3～2/3；前发药包为后发药包开创了临空面，从而可以扩大自由面，有利于应力的增加，增加岩块间的碰撞挤压作用，加强了岩石的破碎效果；降低各排孔一次爆破的堆积高度，有利于挖掘机作业；由于逐发或逐排依次爆破，减少了岩石挟制力，可节省近20%的炸药量，并可增大孔距，提高每钻孔炸落方量。

形成光面爆破的地质条件：

A. 岩体稳定性好，坡顶上部无倾向路基的堆积覆盖层。

B. 有多向临空面。

C. 岩体的结构面层理、产状与路线平行。

D. 岩体构造无软弱结构面、不整合面、软弱夹层。

施工中应注意的几个问题：

A. 施工前必须准确地测定设计边坡线和预裂孔的位置。

B. 施工中切实控制好"孔深、方向和倾斜角度"三大要素。各预裂孔应相互平行，孔底落在同一水平面上。预裂孔的角度与边坡坡度一致。

C. 严格保持炮孔在同一平面内，炮孔间距和最小抵抗线之比小于0.8。

D. 控制装药量，采用间隔药包，炮孔直径大于药卷直径1～2倍。

E. 光面炮在主炮之后起爆，时间间隔25～50 m/s。

F. 同一排孔要同时起爆，应尽量采用传爆起爆，以提高爆破效果。

3. 挖方路基边坡坡度

土质挖方边坡坡度主要与边坡高度，土的湿度、密实程度，地下水、地表水情况，土的成因、类型及生成时代等因素有关。岩石挖方边坡坡度主要与岩性、地质构造、岩石的风化破碎程度、边坡高度、地下水及地表水等因素有关。挖方路基的边坡坡度要求与施工要点主要有以下几点：

①土的挖方边坡坡度应根据调查路线附近已建工程的人工边坡及自然山坡稳定状况确定。

②砾石类土的挖方边坡坡度主要与砾石土成因、岩块成分和大小、密实程度及休止角有关，并应结合当地水文条件和边坡高度进行对比分析，论证确定边坡坡度大小。

③在边坡施工中，由于设计的边坡坡度可能与现场的实际土质等情况不相符合，因此，施工技术人员应注意随着填、挖的进行，对影响边坡坡度稳定的因素进行认真的观察分析，如发现设计的边坡坡度不能满足边坡稳定时，应按相关规定考虑变更设计，以确保边坡稳定。

4. 机械化施工要点

①采用机械按横挖法开挖路堑且弃土（或以挖作填）运距较远时，宜用挖掘机配合自卸汽车作业，每层台阶高度可增加到 3~4 m，亦可用推土机开挖。若弃土或以挖作填运距超过推土机的经济运距时，可用推土机推土堆积，再用装载机配合自卸汽车运土。

②机械开挖路堑时，配以平地机或人工分层修刮平整边坡。

③采用机械按纵挖法开挖路堑时的注意事项：

A. 当采用分层纵挖法挖掘的路堑长度较短（小于 100 m），开挖深度不大于 3 m，地面坡度较陡时，宜采用推土机作业。

B. 推土机作业时，每一铲挖地段的长度应能满足一次铲切达到满载的要求，一般为 5~10 m。铲挖宜在下坡时进行，对普通土下坡坡度宜为 10%~18%，不得大于 30%；对于松土下坡坡度不宜小于 10%，不得大于 15%；傍山卸土的运行道应设有向内稍低的横坡，但应同时留有向外排水的通道。

C. 当采用分层纵挖法挖掘的路堑长度较长（超过 100 m）时，宜采用铲运机作业。

D. 对于拖式铲运机和铲运推土机，其铲斗容积为 4~8 m³ 的适宜运距为 100~400 m；容积为 9~12 m³ 的适宜运距为 100~700 m。自行式铲运机适宜运距可照上述运距加倍。铲运机在路基上的作业距离不宜小于 100 m。有条件时宜配备一台推土机（或使用铲运推土机）配合铲运机作业。

E. 铲运机运土道，单道宽度不应小于 4 m，双道宽度不应小于 8 m；重载上坡纵坡不宜大于 8%，空驶上坡纵坡不得大于 50%；弯道应尽可能平缓，避免急弯；路基表层应在回驶时刮平，重载弯道处表面应保持平整。

F. 铲运机作业面的长度和宽度应使铲斗易于达到满载。在地形起伏的工地，应充分利用下坡铲装；取土应沿其工作面有计划地均匀进行，不得局部过度取土而造成坑洼积水。

G. 铲运机卸土场的大小应满足分层铺卸的需要，并留有回转余地。填方卸土应边走边卸，防止成堆，行走路线外侧边缘至填方边缘的距离不宜小于 20 cm。

④当路线纵向长度和挖深都很大时，宜采用混合式开挖法，即将横挖法与通道纵挖法混合使用。先沿路堑纵向挖通道，然后沿横向坡面挖掘，以增加开挖坡面。每一坡面应设一个施工小组或一台机械作业。

⑤开挖边沟、修筑路拱、刷刮边坡、整平路基表面时，宜采用平地机配合其他土方机械作业。

⑥弃方的注意事项：

A. 施工前，应对设计提供的弃土方案进行现场核对，若有疑问，应及时处理。

B. 弃土不得占用耕地，沿河弃土不得影响排洪、通航，不得加剧河岸冲刷。不得向水库、湖泊、岩溶漏斗及暗河口处弃土。禁止在贴近桥墩台、涵洞口处弃土。

C. 沿线弃土堆设置应符合设计要求，设计无要求时应符合下列规定：弃土应相对集中堆放，并与周边环境相协调，严禁随意处理；弃土堆的几何尺寸、压实程度、位置，应保证路基边坡和弃土堆自身的稳定。弃土堆的边坡不陡于 1.0∶1.5，顶面向外设不小于 2% 的横坡，其内侧高度不宜大于 3 m；在地面横坡陡于 1∶5 的路段，不得在高于路堑边坡顶的山坡上方设弃土堆。在山坡上侧的弃土堆，应连续而不间断，并在弃土堆上侧设置截水沟；山坡下侧的弃土堆，应每隔 50～100 m 设宽度不小于 1 m 的缺口排水，排水主流方向不得对地面结构物及农田等造成不利影响，必要时可设人工沟渠导引排水。弃土堆坡脚应进行防护和加固。

D. 弃土应按设计要求进行压实并及时完成弃土场的防护、排水工程。

第三节　路面工程施工技术

一、路面工程基本知识

（一）路面的结构与分类

路面是指用各种材料铺筑在路基上供车辆行驶的构造物，其主要任务是保证车辆快速、安全、舒适地行驶，路面应能够承受交通荷载和自然因素的作用，还要与周围环境衬托协调。

1. 路面的结构

道路行车荷载和自然因素的作用一般随深度的增加而减弱。为适应这一特点，路面结构也是多层次的，路面结构一般由面层、基层、垫层组成，有的道路在面层和基层之间还设立了一个联结层。

（1）面层

位于整个路面结构的最上层，直接承受行车荷载，并受自然因素的影响。因此，要求面层应有足够的强度、刚度和稳定性，另外还应有良好的平整度和抗滑性能，以保证车辆安全平稳地通行。面层通常使用水泥混凝土、沥青混凝土、沥青碎石混合料做铺筑材料，有些道路也用块石、料石或水泥混凝土预制块铺筑道路面层，山区交通量很小的地区也可直接用泥灰结碎石或泥结碎石做面层。面层可分层铺筑，称为上面层（表层）、中面层和下面层。

（2）基层

是指面层以下的结构层，主要起支撑路面面层和承受由面层传递来的车辆荷载作用。因此，基层应有足够的强度和刚度，还应有平整的表面，以保证面层厚度均匀、平整，基层还可能受到地表水和地下水的浸入，故应有足够的水稳定性，以防湿软变形而影响路面的结构强度。基层可采用水泥稳定类、石灰稳定类、石灰工业废渣稳定类以及级配碎砾石、填隙碎石或贫混凝土铺筑。当基层较厚时，应分为两层或三层铺筑，下层称为底基层，上层称为基层，中层视材料情况，可称为基层也可称为底基层。选择基层材料时，为降低工程成本，应本着因地制宜的原则，尽可能使用当地材料。

（3）垫层

设在土基和基层之间，主要用于潮湿土基和北方地区的冻胀土基，用以改善土基的湿度和温度状况，起隔水（地下水和毛细水）、排水（基层下渗的水）、隔温（防冻胀）以及传递荷载和扩散荷载的作用。垫层材料不要求强度高，但要求水稳性能和隔热性能好。常用的垫层材料有砂砾、炉渣或卵圆石组成的透水性垫层和石灰土或石灰炉渣土组成的稳定性垫层。

（4）联结层

指为加强面层和基层的共同作用或减少基层裂缝对面层的影响，而设在基层上的结构层，经常被视为面层的组成部分。联结层一般采用颗粒较大的沥青稳定碎石、大粒径透水性沥青稳定碎石。

2. 路面的分类

从路面力学特性角度划分，传统的分法把路面分为柔性路面和刚性路面。随着科技的进步，又有了新的发展，路面分类进一步得到细化。

（1）柔性路面

是指刚度较小、抗弯拉强度较低，主要靠抗压和抗剪强度来承受车辆荷载作用的路面。其主要特点是刚度小，在车轮荷载的作用下弯沉变形较大，车轮荷载通过时路面各层向下传递到路基的压应力较大。

（2）刚性路面

是指路面板体刚度大、抗弯拉强度较高的路面。其主要特点是，抗弯拉强度高，刚度大，处于板体工作状态，竖向弯沉较小，传递给下层的压应力较柔性路面小得多。

（3）半刚性路面

中国在公路建设中大量使用了水泥稳定类、石灰稳定类和石灰粉煤灰稳定类材料做基层，这些基层材料随着龄期的增长，其强度和刚度也在缓慢地增长，但最终的强度和刚度仍远小于刚性路面，其受力特点也不同于柔性路面。中国公路路面科研人员，将之称为半刚性路面基层，加铺沥青面层之后，称为半刚性路面。

（4）复合式基层路面

上部使用柔性基层、下部使用半刚性基层的基层称为复合式基层。它的受力特点是处于半刚性基层和柔性基层中间，可以提高柔性路面的承载能力，在加铺沥青面层之后，称为复合式路面。

有一段时期，国内大量使用了半刚性路面基层。半刚性基层的整体性好，但易形成温度裂缝和干缩裂缝，并经反射造成沥青面层开裂，水渗入后在行车荷载的作用下出现唧泥现象，进而形成公路路面的早期损坏。将半刚性基层用作下基层，上覆以柔性基层，成为复合式基层，不仅可以提高基层的承载力，也可以扩散半刚性基层裂缝产生的水平应力，进而截断反射裂缝向上传递的途径。同时，柔性基层多采用级配碎砾石结构，具有一定的排水功能，进一步完善基层边缘排水设计，应能起到预防路面早期破坏的效果。

（二）路面施工的特点和基本要求

路面工程是直接承受行车荷载的结构，经受严酷的自然环境和行车荷载的反复作用，因此，对路面工程也提出了更高的要求。

1. 路面施工的特点

（1）机械化程度高

随着经济的发展，机械制造业也发展迅速，各种类型、各种功能的路面施工机械相继出现，以前使用人工施工为主的路面施工已经转变为机械化施工为主、人工为辅的局面。如何更好地发挥机械性能，减轻人工的劳动强度，也是路面工程施工组织的重要内容。

（2）工程数量均匀，容易进行流水作业

一般情况下，一个工程项目路面工程的结构类型和设计厚度是相同的或相近的，除交叉口和收费区范围外，每千米工程数量是均匀的。这使得采取流水作业法安排路面工程施工变得更加容易。

（3）路面施工材料相对比较均匀，更容易控制路面质量

采用细粒土的路面基层底基层材料，虽然也采取了因地制宜的原则，用沿线的土进行基层底基层施工，但相对于路基工程——土石混合来讲，土质差别比较小，可以利用塑性指数的差别制定统一的质量控制标准来控制基层质量（如建立相同强度下，量的关系；或建立相同灰剂量情况下，塑性指数与最大干密度的关系等）。对于采取砂石材料进行施工的路面基层和面层，由于材料的产地相同，材质更加均匀，更容易用同样的质量标准来控制生产。

（4）与桥梁工程、台背回填、防护工程施工等相互干扰

在施工进度安排上，因桥梁工程、台背回填、防护工程的滞后影响基层施工时，可采取跳跃施工的方法；对于面层施工时，应已完成上述工作，不影响面层施工的连续性。

（5）废弃材料处理

应注意不对绿化工程、防护工程和水资源造成污染，必要时应采取环境保护措施。

2. 对路面工程的基本要求

一般说来，不同等级的公路对路面的使用品质具有不同的要求，主要表现在一定设计年限内允许通行的交通量和要求道路提供的服务等级。首先，路面在设计年限内通过预测交通量的情况下，路面应保持一定的承载能力和抗疲劳能力；其次，路面在风吹、日晒、雨淋、严寒、酷暑、冻融等复杂自然条件下，在设计年限内应保持一定的稳定性和耐久性；最后，就是在设计年限内经过一定的养护管理，路面应具有与公路等级相适应的服务水平，为车辆行驶提供安全可靠、快捷舒适的服务。具体来说，对路面工程有以下七点要求：

（1）具有足够的强度和刚度

路面承受车辆在路面行驶时作用于路面的水平力、垂直力，并伴随着路面的变形（弯沉盆）和车辆的振动，受力模型比较复杂，会引起各种不同应力，如压应力、弯拉应力、剪应力等。路面的整体或结构的某一部分所受的力超出其承载能力，就出现路面病害，如断裂、沉陷等；在动载的不断作用下，进而出现碎裂和坑槽。因此，必须保证路面整体和路面的组成部分具有足够的强度，包括修建路面的原材料（如砂石、水泥等）、复合性材料（如水泥混凝土、沥青混凝土）和路面结构本身。刚度是指路面抵抗变形的能力，刚度不足时路面在车辆荷载的作用下也会产生变形、车辙、沉陷、波浪等破坏现象。因此，要求路面具有足够的刚度，使路面整体和各组成部分的变形量控制在弹性变形范围内。

（2）具有足够的稳定性

路面结构袒露在自然环境之中，经受水和温度等影响，使其力学性能和技术品质发生变化。路面稳定性包括以下三项内容。①高温稳定性：在夏季高温条件下，沥青材料如没

有足够的抗高温的能力，会发生泛油、面层软化，在车辆荷载的作用下产生车辙、波浪和推挤；水泥路面则可能发生拱胀开裂。②低温抗裂性：冬季低温条件下，路面材料如没有足够的抗低温能力，会出现收缩、脆化或开裂；水泥路面也会出现收缩裂缝，气温骤变时出现翘曲而破坏。③水温稳定性：雨季路面结构应有一定的防水、抗水或排水能力，否则在水的浸泡作用下，强度会下降，甚至出现剥离、松散、坑槽等破坏。

（3）具有足够的平整度

路面应有良好的平整度。不平整的路面会使车辆颠簸，行车阻力增大，影响行车安全和司乘舒适，加剧路面和车辆的损坏。因此，路面应具有与公路等级相适应的平整度。

（4）粗糙度和抗滑性能

路面表层直接接触车轮，路面表层应有一定的粗糙度和抗滑性能，车轮和路面表层间应有足够的附着力和摩擦阻力，保证车辆在爬坡、转弯、制动时车轮不空转或打滑。路面抗滑性不仅对保证安全行车十分重要，而且对提高车辆的运营效益也有重要意义。

（5）耐久性

阳光的暴晒、水分的浸入和空气氧化作用都会对路面结构和材料产生影响，尤其是沥青材料会出现老化，并失去原有的技术品质，导致路面开裂、脱落，甚至大面积的松散破坏。因此，在路面修筑时，应尽可能选用有足够抗疲劳、抗老化、抗变形能力的路用材料，以提高路面的耐久性，延长路面的使用寿命。

（6）尽可能降低扬尘性

汽车在路面上行驶，车身后及轮胎后产生的真空吸力作用将吸引路面表层或其中的细颗粒料而引起尘土飞扬，造成污染并影响行车视距，给沿线居民卫生和农作物造成不良影响，尤其是砂石路面。所以，除非在交通量特别小或抢修临时便道的情况下，一般不要用砂石路面结构。

（7）具有尽可能低的噪声

噪声污染也影响居民的正常生活，穿越居民区的公路路面可采用减噪混凝土，以降低噪声。

二、路面粒料基层施工技术

（一）粒料分类及适用范围

1. 粒料分类

①嵌锁型：包括泥结碎石、泥灰结碎石、填隙碎石等。

②级配型：包括级配碎石，级配砾石，符合级配的天然砂砾，部分砾石经轧制掺配而

成的级配砾、碎石等。

2. 粒料类适用范围

①级配碎石可用于各级公路的基层和底基层。

②级配砾石、级配碎砾石以及符合级配、塑性指数等技术要求的天然砂砾，可适用于轻交通的二级和二级以下公路的基层以及各级公路的底基层。

③填隙碎石可用于各等级公路的底基层和二级以下公路的基层。

（二）对原材料的技术要求

①各类基层底基层的集料压碎值应符合相关的规定。

②填隙碎石的单层铺筑厚度。厚度宜为 10~12 cm，最大粒径宜为厚度的 0.5~0.7 倍。用作基层时，最大粒径不应超过 53 mm；用作底基层时，最大粒径不应超过 63 mm。

③级配碎石宜用几种粒径不同的碎石和石屑掺配拌制而成，其粒料的级配组成应符合相应的试验规程的要求且级配应接近圆滑曲线。用于底基层的未筛分碎石的级配，宜符合相应的试验规程的要求。级配碎石用作基层时，其压实度不应小于 98%；用作底基层时，其压实度不应小于 96%。

④级配砾石或天然砂砾用作基层或底基层时，其颗粒组成应符合相应的试验规程的要求且级配宜接近圆滑曲线。级配砾石或天然砂砾用作基层时，其重型击实标准的压实度不应小于 98%，CBR（加州承载比）值不应小于 60%；用作底基层时，其重型击实标准的压实度不应小于 96%，CBR（加州承载比）值对轻交通道路不应小于 40%，对中等交通道路不应小于 60%。

三、路面沥青稳定基层施工技术

（一）沥青稳定类基层分类及适用范围

1. 分类

可分为热拌沥青碎石、沥青贯入碎石、乳化沥青碎石混合料等。

2. 适用范围

①热拌沥青碎石适用于柔性路面上基层及调平层。

②沥青贯入式碎石可铺设在沥青混凝土与粒料基层之间做土基层，此时应不撒封层料，也不做上封层。

③乳化沥青碎石混合料适用于各级公路调平层。

（二）　热拌沥青碎石施工的一般要求

①按施工规范要求做好各项施工准备工作。

②按施工规范规定的步骤进行热拌沥青碎石的配合比设计，即包括目标配合比设计阶段、生产配合比设计阶段、生产配合比验证阶段。配合比设计采用马歇尔试验设计方法。

四、路面无机结合料稳定基层施工技术

（一）　无机结合料稳定类（半刚性类）基层分类及适用范围

1. 分类

①水泥稳定土：包括水泥稳定级配碎石、未筛分碎石、砂砾碎石土、砂砾土、煤矸石、各种粒状矿渣等。

②石灰稳定土：包括石灰稳定级配碎石、未筛分碎石、砂砾碎石土、砂砾土、煤矸石、各种粒状矿渣等。

③石灰工业废渣稳定土：可分为石灰粉煤灰类与石灰其他废渣类两大类。除粉煤灰外，可利用的工业废渣包括煤渣、高炉矿渣、钢渣（已经过崩解达到稳定）及其他冶金矿渣、煤矸石等。

2. 适用范围

①水泥稳定土：适用于各级公路的基层和底基层，但水泥稳定细粒土不能用作二级和二级以上公路高级路面的基层。

②石灰稳定土：适用于各级公路的底基层以及二级和二级以下公路的基层，但石灰土不得用作二级公路的基层和二级以下公路高级路面的基层。

③石灰工业废渣稳定土：适用于各级公路的基层和底基层，但二灰、二灰土和二灰砂不应做二级和二级以上公路高级路面的基层。

（二）　对原材料的技术要求

①水泥。普通硅酸盐水泥、矿渣硅酸盐水泥和火山灰质硅酸盐水泥均可做结合料，但应是初凝时间 3 h 以上和终凝时间较长（宜在 6 h 以上）的水泥。

②石灰。应检验石灰的有效钙和氧化镁含量。

③粉煤灰。粉煤灰中 SiO_2 和 Fe_2O_3 的总含量应大于 70%，烧失量不宜大于 20%，比表面积宜大于 2 500 cm^2/g（或 90% 通过 0.3 mm 筛孔，70% 通过 0.075 mm 筛孔）。

④集料。要满足级配要求的规定。

⑤无机结合料稳定细粒土时，细粒土应符合相关的要求。

⑥水泥稳定类材料的压实度（按重型击实标准）及 7 d（在非冰冻区 25 ℃、冰冻区 20 ℃条件下湿养 6 d、浸水 1 d）龄期的无侧限抗压强度应满足相关要求。

⑦水泥剂量。应通过配合比设计试验确定，但设计水泥剂量宜按配合试验确定的剂量增加 0.5%～1.0%，对集中厂拌法宜增加 0.5%，对路拌法宜增加 1%。当水泥稳定中、粗粒土做基层时，应控制水泥剂量不超过 6%。

⑧采用水泥稳定碎石土或含泥量大的砂、砂砾时，宜掺入一定剂量石灰进行综合稳定，当水泥用量占结合料总量的 30% 以上时，应按水泥稳定类进行设计，否则按石灰稳定类设计。

⑨水泥稳定粒径均匀且不含或含细料很少的砂砾、碎石以及不含土的砂时，宜在集料中添加 20%～40% 的粉煤灰或添加剂量为 10%～12% 的石灰土进行综合稳定。

⑩石灰粉煤灰稳定类材料的压实度（按重型击实标准）及 7 d（在非冰冻区 25 ℃、冰冻区 20 ℃条件下湿养 6 d、浸水 1 d）龄期的无侧限抗压强度应满足相关的要求。

（三）其他要求

①为提高石灰粉煤灰稳定土的早期强度，宜在混合料中掺入 1%～2% 的水泥。

②石灰稳定土用于沥青路面的基层时，除层铺法表面外，应在基层上做下封层。

③石灰稳定土用于基层时，颗粒的最大粒径不应超过 37.5 mm；用于高速公路和一级公路的底基层时，颗粒的最大粒径不应超过 37.5 mm；用于其他等级公路的底基层时，颗粒的最大粒径不应超过 53 mm。

④不含黏土的砂砾、级配碎石和未筛分碎石，应采用石灰土稳定，石灰土与集料的质量比宜为 1∶4，集料应具有良好的级配。

⑤石灰稳定土的压实度（按重型击实标准）及 7 d（在非冰冻区 25 ℃、冰冻区 20 ℃条件下湿养 6 d、浸水 1 d）龄期的无侧限抗压强度应满足相关的要求。

第六章　桥梁基础施工技术

第一节　明挖扩大基础施工

一、基础定位放样

在基坑开挖前，先进行基础的定位放样工作，以便将设计图上的基础位置准确地设置到桥址上。放样工作系根据桥梁中心线与墩台的纵横轴线，推出基础边线的定位点，再放线画出基坑的开挖范围。基坑各定位点的高程及开挖过程中高程检查，一般用水准测量的方法进行。

二、基坑开挖

（一）土方边坡及其稳定

1. 土方边坡

为了防止塌方，保证施工安全，在开挖深度超过一定限度时，均应在其边沿做成一定坡度的边坡。

2. 边坡的稳定

基坑边坡的稳定，主要是由于土体内土颗粒之间存在摩擦阻力和内聚力，使土体具有一定的抗滑力来保持稳定。当土体的下滑力大于抗滑力时，边坡就会失去稳定而发生滑动，这种滑动一般是在一定范围内整体沿某一滑动向下和向外移动。一旦土体失去平衡，土体就会塌方，不仅会造成人身安全事故，影响工期，有时还会危及邻近建筑物的安全。

基坑边坡的失稳往往是在外界不利因素影响下触发和加剧的。这些外界不利因素往往会导致土体剪应力的增加或抗剪强度的降低。

引起土体剪应力增加的因素主要如下：坡顶上堆积物、行车等荷载；雨水或地面水渗入土中使土中的含水量增加而造成土的自重增加；地下水的渗流产生一定的动水压力；土体的竖向裂缝中的积水产生侧向静水压力；边坡过陡，土体本身稳定性不够。

引起土体抗剪强度降低的因素主要有：土质本身较差或因气候影响使土质松软；体内含水量增加使土体内聚力降低，产生润滑作用；饱和的细砂、粉砂因受振动而液化等。

（二）基坑开挖的方式

1. 陆地基坑开挖

（1）坑壁不加支撑的基坑

对于干涸无水的河滩、河沟，或有水经改河或筑堤能排除地表水的河沟，如果地下水位低于基底或渗透量少，不影响坑壁稳定，且施工期较短，挖基坑时不影响临近建筑安全的施工场所，可考虑选用坑壁不加支撑的基坑。

不加支护的基坑开挖时，坑壁依靠土体本身的抗剪强度，或采取适量放坡的方式来解决边坡的稳定问题。

基坑开挖时，坑壁的形式有直坡式、斜坡式等。

直坡坑壁基坑：当基础土质均匀，地下水位低于基坑，基坑顶边缘无荷载，土体处于半干硬或硬塑状态时，可采用坑壁不加支护而垂直开挖的方法。如果坑壁垂直开挖超过挖深限值，可采取踏步式坑壁开挖法或考虑放坡开挖以及做成直立壁加支撑。

斜坡坑壁基坑：在天然土层上挖基坑，若深度在 5 m 以内，施工期较短，基底处于地下水位以下，且土的湿度正常、构造均匀时，可采用放坡开挖。如果基坑开挖通过不同的土层，可按土层分层选定边坡坡度，并留出至少 0.5 m 宽的台阶。若土的湿度过大，可能引起坑壁坍塌，坑壁坡度应采用该湿度下土的天然坡度。

（2）坑壁有支撑的基坑

当基坑壁坡不易稳定并有地下水渗入，或放坡开挖场地受到限制，或基坑较深、放坡开挖工程数量较大，不符合技术经济要求时，可视具体情况采用以下的加固坑壁措施，如挡板支撑、钢木结合支撑、混凝土护壁及锚杆支护等。常用的坑壁支撑形式有：直衬板式坑壁支撑、横衬板式坑壁支撑、框架式支撑及其他形式的支撑（如锚桩式、锚杆式、锚锭板式、斜撑式等）。

2. 水中基础的基坑开挖

桥梁墩台基础大多位于地表水位以下，有时水流还比较大，施工时都希望在无水或静止水条件下进行。桥梁水中基础最常用的施工方法是围堰法。围堰的作用主要是防水和围水，有时还起着支撑施工平台和基坑坑壁的作用。公路桥梁常用的围堰的类型有：土石围堰、木笼围堰或竹笼围堰、钢板桩围堰、套箱围堰。

围堰必须满足以下四方面的要求。①围堰顶高宜高出施工期间最高水位 700 mm，最低不应小于 500 mm，用于防御地下水的围堰宜高出水位或地面 200~400 mm。②围堰的外形应适应水流排泄，大小不应压缩流水断面过多，以免壅水过高危害围堰安全，以及影响通航、导流等。围堰内形应适应基础施工的要求，并留有适当的工作面积。堰身断面尺寸应保证有足够的强度和稳定性，使基坑开挖后，围堰不致发生破裂、滑动或倾覆。③围堰要求防水严密，应尽量采取措施防止或减少渗漏，以减轻排水工作。对围堰外围边坡的冲刷和筑围堰后引起的河床的冲刷均应有防护措施。④围堰施工一般应安排在枯水期间进行。

三、基坑排水

（一）集水坑排水法

除严重流沙外，一般情况下均可采用集水坑排水法。基坑坑底一般多位于地下水位以下，而地下水会经常渗进坑内，因此必须设法将坑内的水排除，以便于施工。集水坑（沟）的大小，主要根据渗水量的大小而定，排水沟底宽不小于 0.3 m，纵坡为 1%~5%。排水时间较长或土质较差时，沟壁可用木板支撑。

（二）其他排水法

对于土质渗透较大、挖掘较深的基坑可采用板桩法或沉井法。此外，视现场条件、工程特点及工期等因素，还可采用帷幕法，即将基坑周围土用硅化法、水泥灌浆法、沥青灌浆法以及冻结法等处理成封闭的、不透水的帷幕。这种方法除自然冻结法外，其余均因设备多、费用大，在桥涵基础施工时较少采用。

四、基底处理

（一）基底检验

1. 检验内容

①检查基坑的平面位置、坑底尺寸、高程是否符合设计要求，偏差是否在现行有关规定允许范围以内。

②检验基坑底面土质及其均匀性、稳定性，坑壁坡面是否平顺稳定，有无排水措施，容许承载力能否满足设计要求。

③检查基坑和地基加固、处理过程中的有关施工记录和试验等资料。

④检查基底地基经加固、处理后的效果是否达到设计要求。

2. 检验方法

（1）小桥和涵洞基底的地基检验

一般经过直观或触探器确定土质与设计要求符合时，即可签认进行浇砌基础。

经过直观或触探对土质有疑问时，应取土样做土的物理力学性能试验，如颗粒分析、天然密度、天然含水量、天然孔隙比、液限、塑限、密度、可塑性、压缩性和抗剪强度等，以鉴定土的容许承载力，或钻探 2~4 m 以上，检查下卧层土质。

对经过加固处理的地基，应根据不同加固方法的质量要求采用相应的检验方法，包括量测加固范围、桩位偏差和桩体垂直度偏差；用环刀法取样或灌砂法测定压实度或干密度；用静力触探或动力触探检验加固处理后的效果。

（2）大、中桥和填土在 12 m 以上涵洞基底的地基检验

一般由检验人员用直观、触探、挖试坑或钻探（钻探至少 4 m）试验等方法确定土质容许承载力，确认符合设计要求后，即可进行基础施工。

在地质特别复杂，或在设计文件中有特殊要求必须做载荷试验时，才做载荷试验。必要时还应做土工试验，与载荷试验核对。

在特殊地基上已经加固处理又经触探、密实度检验后，尚有疑问时，则应再做载荷试验。确认符合设计要求后，才能进行基础圬工的施工。

（3）检验注意事项

地基经检验后，需要做大的加固处理时，应由施工单位邀请建设单位及设计单位共同研究确定。加固处理完毕，应再经检验合格后，方可进行基础施工。

桥涵地基检验，除了进行平面尺寸和地基变形观测外，检验方法主要有静力触探、动力触探、标准贯入试验，土压力、孔隙水压力及土位移测试，载荷试验、旁（横）压试验，排水固结法加固的地基有时还需做十字板剪切试验。无论何种测试方法都有一定的局限性，故宜采用多种方法进行综合评价。现场测试要辅以取样，做室内土工试验，如加固设计已规定有检验项目和检验方法的，按设计规定办理。

为了有较好的可比性，加固前后两次的测试项目应力求对应，甚至最好由同一组织，用同一仪器按同一标准进行。

（二）基底处理

1. 未风化岩石基底

对未风化岩层开挖至岩层面后，应清除岩面松碎石块，凿出新鲜岩面，并用水冲洗干净，岩面不得存有淤泥、苔藓等表面附着物。岩面倾斜时，应将岩面基本凿平或凿成台阶。对基坑内岩面有部分破碎带时，应会同设计人员研究处理，采用混凝土封填或设混凝

土拱等方法进行处理，以满足承载力的要求。

2. 风化岩层基底

岩石的风化程度对其承载力影响很大。在开挖至风化岩层时，应会同设计人员认真观察其风化程度，检查基底是否符合设计承载力要求。

3. 碎石或砂类土层

将基底修理平整并夯实，砌筑基础混凝土时，应先铺一层 20 mm 厚水泥砂浆。

4. 黏土基底

基坑开挖时，留 200～300 mm 深度不挖，以防止地面、地下水渗流至基面，浸泡基面，降低强度。砌筑前，再用铁锹加以铲平。如基底原状土含水量较大或在施工中浸水泡软，可在基坑中夯入 100 mm 以上厚度的碎石，但碎石顶面不得高于设计高程。当基底土质不均、部分软土层厚度不大时，可挖除后换填砂土，并分层夯实。

5. 湿陷性黄土

湿陷性黄土地基开挖时，必须保持基坑不受水浸泡，并尽量避免在雨期施工，否则应有专门的防洪排降水设施，并应按设计要求采用重锤夯实、换填或挤密桩法进行加固。

6. 软土层

软土地基应按设计要求进行加固，可采用换土、砂井、砂桩或其他软土地基处理方法。在软土地基上修建桥梁时，应按设计预留沉降量。采用砂井加固的软土地基，按设计要求采取预压。桥涵主体必须分期均匀施工。在砌筑墩台、填土和架梁工程中，随时观测软土地基的沉降量，用以控制施工进度，使软土地基缓慢平均受载，防止发生剧烈变化或不均匀下沉。

7. 泉眼

对于泉眼，应用堵塞或导流的方法处理。泉眼水流较小时，可用木塞、速凝水泥砂浆、带螺帽钢管等堵塞泉眼。堵眼有困难时，采用竹管、塑料管或钢管引流，待基础灌注完后，向管内压浆将其封闭，也可在基底以下设置暗沟或盲沟，将水引至基础施工以外的汇水井中抽排，施工完后用水泥砂浆封闭。

8. 溶洞

在地基下出现溶洞时，应会同设计部门研究处理，一般采取以下四方面加固措施进行处理。①首先用勘测方法探明溶洞的形态、深度和范围，以便采取相应的处理方法。②当溶洞埋深较浅时，可用高压射水清除溶洞中的淤泥，灌注混凝土进行填充；当溶洞较深且狭窄，洞内土壤不易清除时，可在洞内打入混凝土桩。③当洞处在基础底面，溶洞窄且深时，可用钢筋混凝土板盖在溶洞上面，跨越溶洞。④当埋藏较深，溶洞内有部分软黏土时，可用钻机钻孔，从孔中灌入砂石混合料，并压灌水泥砂浆封闭。

五、基础浇筑

基础施工分为无水浇筑、排水浇筑和水下浇筑三种情况。

排水施工的要点是：确保在无水状态下砌筑圬工；禁止带水作业及用混凝土将水赶出模板外灌注；基础边缘部分应严密隔水；水下部分圬工必须待水泥砂浆或混凝土终凝后才允许浸水。

水下浇筑混凝土只有在排水困难时采用。基础圬工的水下灌注分为水下封底和水下直接灌筑基础两种。前者封底后仍要排水再砌筑基础，封底只是起封闭渗水的作用，其混凝土只作为地基而不作为基础本身，适用于板桩围堰开挖的基坑。浇筑基础时，应做好与台身、墩身的接缝连接，一般要求是：①混凝土基础与混凝土墩台身的接缝，周边应预埋直径不小于 16 mm 的钢筋或其他铁件，埋入与露出的长度不应小于钢筋直径的 20 倍；②混凝土或浆砌片石墩台身的接缝，应预埋片石，片石厚度不应小于 150 mm，片石的强度要求不低于基础或墩台身混凝土或砌体的强度。

第二节　沉入桩与钻孔桩基础施工

一、沉入桩基础施工

（一）施工方法

沉井法施工就是在墩台位置上，按照基础的外形尺寸，用钢筋混凝土或混凝土预先制成一段井筒，然后在井筒内挖土。挖土过程中，井筒借助于自重逐渐下沉，沉完一段，接筑一段，一直下沉到设计高程为止。

若为陆地基础，它在地表建造，由取土井排土以减少刃脚土的阻力，一般借自重下沉；若为水中基础，可用筑岛法或浮运法建造。在下沉过程中，如侧摩阻力过大，可采用高压射水法、泥浆套法或空气幕法等加速下沉。

泥浆套法是把拌制好的泥浆，用高压泥浆泵（压力 150~500 kN/cm²），通过预埋在井壁中的压浆管直送井筒下部，喷向井壁外部，在井壁外周形成一圈厚度为 10~20 mm 的泥浆润滑套，使沉井下沉得又快又稳。

空气幕法则是向预埋在井壁四周的气管中压入高压气流，气流由喷气孔喷出壁外，沿沉井外壁上升，在井壁外周形成一圈压气层（亦称空气幕），使周围的土松动或激化，减少摩擦力，促使沉井顺利下沉。

当水很深、筑岛困难时，一般采用浮运法下沉沉井。通过对不同空孔的灌注，可以调节井筒的下沉。井壁用钢筋网和铁丝网组成壁体，抹以强度等级不低于 M40 的水泥砂浆，使之充满网眼，并具有 1~3 cm 的保护层，就形成了井筒的两壁。

沉井下沉到达基底设计高程后，把井底清理干净，灌注一层封底混凝土，然后用混凝土或砂石填实井筒（也有留成空心的），再在筒顶灌注混凝土盖板，桥梁墩身和台身就建立在盖板上。

（二）排除障碍

1. 施工过程中遇孤石

可采取潜水员水下排除、爆破等方法。在水下爆破时，每次总药量不应超过 0.2 kg。井内无水时，通过计算后，可适当加大药量。

2. 施工过程中遇铁件

可采取水下切割排除。

3. 施工前已经查明在沉井通过的地层中夹有胶结硬层

可采取钻孔投放炸药爆破的办法预先破碎硬层。

二、钻孔桩基础施工

（一）场地准备

钻孔前要进行准备工作，其内容包括：场地为陡坡时，可用枕木、型钢等搭设工作平台；场地为浅水时，宜采用筑岛施工，筑岛面积应根据钻孔方法、设备大小等要求确定；场地为深水或淤泥较厚时，可搭设工作平台，平台必须牢固稳定，能承受工作时所有静、动荷载，并考虑施工机械能安全进出。

（二）设备准备

根据地质资料，确定科学合理的钻孔方法和钻孔设备，架设好电力线路，配备适合的变压器。若用柴油机提供动力，则应购置与设备动力相匹配的柴油机和充足的燃油。混凝土拌和机、电焊机、钢筋切割机，以及水泥、砂石材料均要在钻孔开始前准备妥当。

（三）埋设护筒

可以采用钢护筒，也可以采用现场预制的钢筋混凝土护筒，在放样好的桩位处，开挖一个圆形基坑将护筒埋入。护筒应坚实、不漏水，护筒内径应比桩径大 20~30 cm。采用反循环钻时应使护筒顶高程高出地下水位 2.0 m；采用正循环钻时应高出地下水位 1.0~1.5 m；处于旱地时，护筒在满足上述条件的基础上还应高出地面 0.3 m。

（四）泥浆制备

钻孔泥浆由水、黏土（膨润土）和添加剂组成，具有浮悬钻渣、冷却钻头、润滑钻具、增大静水压力，并有在孔壁形成泥膜、隔断孔内外渗流、防止坍孔的作用。调制的钻孔泥浆及经过循环净化的泥浆，应根据钻孔方法和地层情况采用不同的性能指标。泥浆稠度应视地层变化或操作要求，灵活掌握。泥浆太稀，则排渣能力小，护壁效果差；泥浆太稠，会削弱钻头冲击功能，降低钻进速度。

通常采用塑性指数大于 25、粒径小于 0.002 mm、颗粒含量大于 50% 的黏土，通过泥浆搅料机或人工调和，储存在泥浆池内，再用泥浆泵输入钻孔内。泥浆泵应有足够的流量，以免影响钻进速度。大直径深孔采用正循环旋转法施工时，泥浆泵应经过流量和泵压计算来选择。对孔深百米以内的钻孔，一般可采用不小于 2 MPa 的泵压。

（五）施工方法

1. 基础施工

（1）冲击法

用冲击钻机或卷扬机带动冲锥，借助锥头自重下落产生的冲击力，反复冲击破碎土石或把土石挤入孔壁中，用泥浆浮起钻渣，或用抽渣筒或空气吸泥机排出而形成钻孔。

（2）冲抓法

用冲抓锥靠自重产生冲击力，切入土层或破碎土层，叶瓣抓土、弃土以形成钻孔。

（3）旋转法

用钻机通过钻杆带动锥或钻头旋转切削土，用泥浆浮起并排出钻渣形成钻孔。

2. 钻孔

一般采用螺旋钻头或冲击锥等成孔，或用旋转机具辅以高压水冲成孔。根据井孔中土（钻渣）的取出方法不同，常用的方法是：螺旋钻孔、正循环回转钻孔、反循环回转钻孔、潜水钻机钻孔、冲抓钻孔、冲击钻孔、旋挖钻机钻孔。

正循环回转钻孔：利用钻具旋转切削土体钻进，泥浆泵将泥浆压进泥浆龙头，通过钻杆中心从钻头喷入钻孔内，泥浆挟带钻渣沿钻孔上升，从护筒顶部排浆孔排出至沉淀池，钻渣在此沉淀而泥浆流入泥浆池循环使用。其特点是钻进与排渣同时连续进行，在适用的土层中钻进速度较快，但须设置泥浆槽、沉淀池等，施工占地较多，且机具设备较复杂。

反循环回转钻孔：与正循环法不同的是泥浆输入钻孔内，然后从钻头的钻杆下口吸进，通过钻杆中心排出至沉淀池内。其钻进与排渣效率较高，但接长钻杆时装卸麻烦，钻渣容易堵塞管路。另外，因泥浆是从上向下流动，孔壁坍塌的可能性较正循环法的大，为此须用较高质量的泥浆。

旋挖钻机钻孔：旋挖钻机是一种高度集成的桩基施工机械，采用一体化设计、履带式360度回转底盘及桅杆式钻杆，一般为全液压系统。旋挖钻机采用筒式钻斗，钻机就位后，调整钻杆垂直度，注入调制好的泥浆，然后进行钻孔。当钻头下降到预定深度后，旋转钻斗并施加压力，将土挤入钻斗内，仪表显示筒满时，钻斗底部自动关闭，提升钻斗将土卸于堆放地点。钻进施工过程中应保证泥浆面始终不低于护筒底部，保证孔壁稳定性。通过钻斗的旋转、削土、提升、卸土和泥浆撑护孔壁，反复循环直至成孔。

旋挖钻机特殊的桶型钻头可直接取土出渣，无须接长钻杆，钻孔时孔口注浆以保持孔内泥浆高度即可，因而能大大缩短成孔时间，提高施工效率。由于带有自动垂直度控制和自动回位控制，成孔垂直度和孔位等能得到保证。桶钻取土上提过程中对孔壁扰动较小，桶钻周边设有溢浆孔，溢出泥浆可起到护壁作用。

旋挖钻机一般适用黏土、粉土、砂土、淤泥质土、人工回填土及含有部分卵石、碎石的地层。对于具有大扭矩动力头和自动内锁式伸缩钻杆的钻机，可适用微风化岩层的钻孔施工。

3. 孔径检查与清孔

钻孔的直径、深度和孔形直接关系到成桩质量，是钻孔桩成败的关键。为此，除了钻孔过程中严谨操作、密切观测监督外，在钻孔达到设计要求深度后，应采用适当器具对孔深、孔径、孔形等认真检查，符合设计要求后，填写终孔检查表。

清孔的方法有抽浆法、换浆法、掏渣法、喷射清孔法以及用砂浆置换钻渣清孔法等，应根据设计要求、钻孔方法、机具设备和土质条件决定。其中抽浆法清孔较为彻底，适用于各种钻孔方法的灌注桩。对孔壁易坍塌的钻孔，清孔时操作要细心，防止坍孔。

清孔后的泥浆性能指标，含砂率为 4% ~ 8%，相对密度为 1.10 ~ 1.25，黏度为 18 ~ 20 s。对支承桩（柱桩、嵌岩桩），宜用抽浆法清孔，并宜清理至吸泥管出清水为止。灌注混凝土前，孔底沉淀土厚度不得大于 50 mm。若孔壁易坍塌，必须在泥浆中灌注混凝土时，建议采用砂浆置换钻渣清孔法，清孔后的泥浆含砂率不大于 4%。其他泥浆性能指标同摩擦桩要求。对于沉淀土厚度的测量，用冲击、冲抓锤时，沉淀土厚度从锥头或抓锥底部所到达的孔底平面算起。沉淀土厚度测量方法可在清孔后用取样盒（开口铁盒）吊到孔底，待到灌注混凝土前取出，直接测量沉淀在盒内的沉渣厚度。

4. 钢筋笼制作与吊装

钢筋笼的制作应符合设计和规范要求，长桩骨架宜分段制作，分段长度应根据吊装条件确定；后场制作时应在固定胎架上进行，以保证钢筋笼的顺直；注意在钢筋笼外侧设置控制保护层厚度的垫块；钢筋笼起吊入孔一般用吊机，无吊机时，可采用钻机钻架、灌注塔架。

5. 灌注混凝土

（1）灌注普通混凝土

在土中形成一定直径的井孔，达到设计标高后，将钢筋骨架（笼）吊入井孔中，灌注混凝土形成桩基础。每根灌注桩应留取混凝土抗压强度试件不少于两组。同时，应以钻取芯样法或超声波法、机械阻抗法、水电效应法等无破损检测法对桩的匀质性进行检测。检测应符合下列规定：其一，宜对各墩台有代表性的桩用无破损法进行检测，重要工程或重要部位的桩宜逐根检测；其二，对质量有怀疑的桩及因灌注故障处理过的桩，均应进行检测。

（2）灌注水下混凝土

灌注水下混凝土时配备的搅拌机等设备，应能满足桩孔在规定时间内灌注完毕。灌注时间不得长于首批混凝土初凝时间。若估计灌注时间长于首批混凝土初凝时间，则应掺入缓凝剂。

水下混凝土一般用钢导管灌注，导管内径为 200~350 mm，视桩径大小而定。导管使用前应进行水密承压和接头抗拉试验，严禁用压气试压。

混凝土拌和物运至灌注地点时，应检查其均匀性和坍落度等，如不符合要求，应进行第二次拌和。二次拌和后仍不符合要求时，不得使用。

首批灌注混凝土的数量应能满足导管首次埋置深度和填充导管底部的需要。首批混凝土拌和物下落后，混凝土应连续灌注。

在灌注过程中，导管的埋置深度宜控制在 2~6 m，应经常测探井孔内混凝土面的位置，及时地调整导管埋深。

为防止钢筋骨架上浮，当灌注的混凝土顶面距钢筋骨架底部 1 m 左右时，应降低混凝土的灌注速度。当混凝土拌和物上升到骨架底口 4 m 以上时，提升导管，使其底口高于骨架底部 2 m 以上，即可恢复正常灌注速度。

在灌注过程中，特别是潮汐地区和有承压水地区，应注意保持孔内水头。

在灌注过程中，应将孔内溢出的水或泥浆引流至适当地点处理，不得随意排放，以免污染环境及河流。

灌注中发生故障时，应查明原因，确定合理处理方案，及时处理。

混凝土应连续灌注直至灌注到设计的混凝土顶面，以保证截切面以下的全部混凝土具有优良质量。

第三节 沉井与地下连续墙基础施工

一、沉井与沉箱基础施工

（一）筑岛沉井

1. 风险分析

①筑岛围堰不牢固，其地基承载力不满足设计要求，可能使围堰在施工时受水流冲刷造成塌陷，增加施工难度，还可能导致透水事故。

②制作底节沉井时，脚手架平台未搭设牢固，若脚手架在使用过程中失稳，可能导致高处坠落和物体打击事故。

③拆除沉井垫木不符合相关规定，可能使沉井偏斜，导致物体打击事故。

④沉井下沉时，先挖沉井外圈土，在刃脚处掘进速度不均匀，可能使沉井偏斜，导致物体打击事故。

⑤井下操作人员未配齐安全防护用品，例如，井内无安全照明设施，各室未挂钢梯及安全绳等，当出现沉井偏斜，井内大量涌水、涌砂等意外情况时，井内施工人员无法及时撤离，导致物体打击和透水事故。

⑥井上搭设的抽水机台座（架）未安装牢靠，可能出现台座（架）倒塌，导致物体打击事故；电路未使用防水胶线，可能出现漏电，导致触电事故。

⑦沉井顶面未设安全防护围栏，可能发生高处坠落事故。

⑧垂直运输土方时，未检查吊斗绳索、挂钩和机具等的牢固性，若吊斗坠落，则导致物体打击和窒息事故；吊斗升降时，坑内作业人员未躲离吊斗升降移动范围，可能发生物体打击和窒息事故。

2. 风险控制重点

①筑岛围堰应牢固，其地基承载力须满足设计要求，以防发生透水事故。

②脚手架平台和井上搭设的抽水机台座（架）须搭设安装牢固，以防发生高处坠落和物体打击伤害。

③拆除沉井垫木须符合规定，以防沉井偏斜，发生物体打击伤害。

④沉井下沉时，不得先挖沉井外圈土，须在刃脚处均匀掘进，保持沉井均衡下沉，以防沉井偏斜，发生物体打击伤害。

⑤井下操作人员须配齐安全防护用品，以防发生物体打击和透水等伤害。

⑥吊斗出土时，斗梁与吊钩须封绑牢固，若发现损伤部位应及时更换或加固；吊斗升降时，井顶指挥人员应通知井下人员暂时避开，躲离吊斗升降移动范围，以防发生物体打击和窒息伤害。

3. 风险控制技术

①筑岛围堰应修筑牢固，其地基承载力应满足设计要求。

②制作底节沉井时，脚手架平台应搭设牢固，模板支撑应牢固。

③拆除沉井垫木应符合下列四项规定。第一，混凝土强度应能满足设计规定的沉井抽垫受力的要求。第二，拆除垫木应分区、依次、对称、同步地进行；拆除垫木后，应随即用砂土回填捣实，拆除垫木时应防止沉井偏斜。第三，定位支垫处垫木，应最后同时抽出。第四，拆除沉井模板及垫木时，应派专人在沉井外观察和指挥。

④沉井下沉时，不得先挖沉井外圈土，应在刃脚处均匀掘进，保持沉井均衡下沉。

⑤井下操作人员必须配齐安全防护用品，井内要有充足的安全照明设施。沉井各室均应悬挂钢梯及安全绳等。当出现沉井偏斜，井内大量涌水、涌砂等意外情况时，井内施工人员应及时撤离。

⑥井上搭设的抽水机台座（架）须安装牢靠，电路应使用防水胶线。

⑦沉井顶面应设安全防护围栏。

⑧吊斗出土时，斗梁与吊钩应封绑牢固，并应经常检查斗梁、斗门等磨损情况，发现损伤部位应及时更换或加固；吊斗升降时，井顶指挥人员应通知井下人员暂时避开，躲离吊斗升降移动范围。

（二）浮式沉井

1. 风险分析

①浮式沉井在下水前，沉井各节以及临时性井底水密性试验检查不合格或者未做水密性检查试验就下水，可能使沉井在浮运过程中进水，导致沉井不能浮运至指定作业地点，减缓施工进度。

②当采用起吊下水时，未对起重设备合理配置，沉井在下水过程中，可能使起重设备受力不均匀，导致设备和沉井倾覆，坠入水中，从而发生淹溺事故。

③当河岸有适合坡度，采用滑移、牵引等措施下水时，下滑速度过快，沉井后侧溜绳控制不得当，会导致沉井倾覆。

④导向船、定位船连接时发生剧烈碰撞，可使沉井倾覆以及船上的设备倒塌，导致物体打击和淹溺事故。

⑤浮式沉井在悬浮状态下的接高和下沉不符合相关规定，例如沉井在悬浮状态下的施工各阶段，未随时观测沉井的稳定性和出水高度；接高时，未均匀对称加载；浮式沉井定位落床前，未考虑潮水涨落的影响；沉井落床后，未采取措施，使其尽快下沉达到保持稳定的深度，这些均可能导致沉井偏斜甚至倾覆等事故。

⑥施工人员未穿好救生衣、戴好安全帽等防护用品，可能发生淹溺事故和物体打击事故。

2. 风险控制重点

①当采用起吊下水时，须对起重设备合理配置，使起重设备受力均匀，以防设备和沉井倾覆，发生淹溺伤害。

②当河岸有适合坡度，采用滑移、牵引等措施下水时，下滑速度应缓慢，沉井后侧应始终以溜绳控制，以防沉井倾覆。

③导向船、定位船连接时，严禁剧烈碰撞，以防发生物体打击伤害和淹溺伤害。

3. 风险控制技术

①浮式沉井在下水前，沉井各节以及临时性井底应做水密性试验检查，合格后方可下水。

②浮式沉井下水前，应制订下水方案；当采用起吊下水时，应对起重设备合理配置使其受力均匀；当河岸有适合坡度，采用滑移、牵引等措施下水时，下滑速度应缓慢，沉井后侧应始终以溜绳控制。下水应在水面波浪较小时进行，当有船只驶过时，应暂缓入水。

④导向船、定位船连接时，不得发生剧烈碰撞，汛期应经常检查锚碇系统。

⑤浮式沉井在悬浮状态下的接高和下沉应符合下列四项规定。第一，沉井在悬浮状态下的施工各阶段，应随时观测沉井的稳定性和出水高度。第二，接高时，必须均匀对称加载，沉井顶面应高出施工时水位 1.5 m 以上。第三，带气筒的浮式沉井，气筒应加强防护。第四，浮式沉井定位落床前，应考虑潮水涨落的影响；沉井落床后，应采取措施，使其尽快下沉，并使沉井达到保持稳定的深度。

（三）沉井清理、封底及填充

1. 风险分析

①清理基底时，基底面未整平，可能使基底面距离隔墙底面的高度及刃脚斜面露出的高度不满足设计要求，导致浇筑的封底混凝土不均匀，从而影响整个沉井基础的承载力和稳定性。

②基底浮泥或岩面残留物未清理，基底和封底混凝土间有有害夹层，可能导致整个沉井基础的承载力和稳定性不足。

③封底混凝土强度未满足受力要求就进行抽水填充，可能导致封底混凝土破坏，使整个沉井基础的承载力和稳定性不足。

④水下浇筑混凝土时，未搭设浇筑工作平台，可使料斗倾覆，导致物体打击伤害。

⑤水下浇筑混凝土时，未设置井口防护，可能引起高处坠落事故。

⑥采用人工抬运导管时，无防滑措施，可能出现导管坠落，损坏导管，同时导致物体打击事故。

2. 风险控制重点

①清理基底时，基底面须整平，以防沉井基础的承载力和稳定性不足。

②基底浮泥或岩面残留物须清理，基底和封底混凝土间不得有有害夹层，以防沉井基础的承载力和稳定性不足。

③封底混凝土强度须在满足受力要求后进行抽水填充，以防沉井基础的承载力和稳定性不足。

④水下浇筑混凝土时，须搭设浇筑工作平台，以防料斗倾覆，发生物体打击伤害。

⑤水下浇筑混凝土时，应设置井口防护，以防高处坠落事故发生。

⑥人工抬运导管时，应有防滑措施，以防损坏导管，同时导致物体打击事故。

3. 风险控制技术

①需要进行水下作业清理基底时，基底面应整平，整平后的基底面距离隔墙底面的高度及刃脚斜面露出的高度，应满足设计要求。

②基底浮泥或岩面残留物均应清理，基底和封底混凝土间不得产生有害夹层，清理后的有效面积不得小于设计要求。

③沉井应待封底混凝土强度满足受力要求后进行抽水填充。

④水下浇筑混凝土时，应搭设浇筑工作平台，并设井口防护。

⑤拆卸导管时，应在导管完全松开后，方可起吊移开；采用人工抬运导管时，应有防滑措施。

⑥采用水下混凝土封底时，固定导管和料斗的井架应搭设牢固，料斗应采用起重机悬吊或其他措施加固。

⑦安装、拆卸导管或漏斗过程中，应有专人指挥。

二、地下连续墙基础施工

(一) 导墙施工

1. 风险分析

①安装预制块导墙时,块件连接处不严密,可能出现泥浆渗漏,导致槽壁失稳坍塌。

②导墙混凝土强度未达到设计标准就开挖该导墙槽段下的土方,可能出现导墙破坏或变形。

③混凝土导墙浇筑和养护时,重型机械、车辆在其附近作业,使导墙受到周围动荷载的影响,导致导墙变形或破坏。

④导墙土方开挖后,直至导墙混凝土浇筑前,未在导墙槽边设围挡或护栏和安全标志,这种情况下很容易使作业人员不慎坠入槽孔内。

⑤未在两导墙间按相关规定设置支撑,可能导致导墙变形或破坏。

⑥导墙的平面轴线与地下连续墙轴线不平行,两导墙的内侧间距比地下连续墙体厚度小,可能导致钢筋笼难以放入槽孔内。

⑦导墙底端埋入土内深度过小且基底土层未夯实,可能出现导墙失稳破坏。

⑧导墙顶面未高出地面,可能导致侧向土石坍塌事故。

⑨遇地下水位较高时,导墙顶端未高出地下水位,可能出现地下水进入槽孔,导致槽壁坍塌。

⑩内墙面未保持垂直,可能导致钢筋笼难以放入槽孔内。

2. 风险控制重点

①导墙混凝土强度达到设计规定后,方可开挖该导墙槽段下的土方,以防导墙变形或破坏。

②混凝土导墙浇筑和养护时,重型机械、车辆不得在其附近作业,以防导墙变形或破坏。

③导墙支撑应每隔 1~1.5 m 距离设置,以防导墙变形或破坏。

④导墙的平面轴线须与地下连续墙轴线平行,两导墙的内侧间距宜比地下连续墙体厚度大 40~60 mm,以防钢筋笼难以放入槽孔内。

⑤导墙底端埋入土内深度宜大于 1 m,基底土层须夯实,遇特殊情况应妥善处理,以防导墙破坏。

⑥导墙顶面应高出地面,遇地下水位较高时,导墙顶端应高出地下水位,以防槽壁坍塌。

⑦内墙面须保持垂直，以防钢筋笼难以放入槽孔内。

3. 风险控制技术

①安装预制块导墙时，块件连接处应严密，防止渗漏。

②导墙混凝土强度达到设计规定后，方可开挖该导墙槽段下的土方。

③混凝土导墙浇筑和养护时，重型机械、车辆不得在其附近作业。

④导墙土方开挖后，直至导墙混凝土浇筑前，必须在导墙槽边设围挡或护栏和安全标志。

⑤导墙模板拆除后，应及时在两导墙间每隔 1 m 设型号为 Φ100 mm 圆木横掌 3 根，防止导墙变形失稳。

⑥导墙支撑应每隔 1~1.5 m 距离设置。

⑦导墙的平面轴线应与地下连续墙轴线平行，两导墙的内侧间距宜比地下连续墙体厚度大 40~60 mm。

⑧导墙底端埋入土内深度宜大于 1 m，基底土层应夯实，遇特殊情况应妥善处理。

⑨导墙顶面应高出地面，遇地下水位较高时，导墙顶端应高出地下水位。

⑩墙后应填土，并与墙顶平齐，全部导墙顶面应保持水平，内墙面应保持垂直。

（二）成槽施工

1. 风险分析

①挖槽时，抓斗中心平面未与导墙中心平面相吻合，可能引起挖出的槽段偏斜，从而导致钢筋笼难以放入槽孔内。

②成槽机、起重机工作时，吊臂下站人，极可能发生机械伤害事故。

③挖槽未采用间隔式开挖，可能导致槽壁坍塌。

④挖槽过程中，未观测槽壁变形、垂直度、泥浆液面高度，可能出现槽壁坍塌。

⑤挖槽过程中，未控制抓斗上下运行速度，可能使泥浆在槽内产生动压，掀起波浪，破坏槽壁土体的稳定，导致槽壁坍塌。

⑥槽段挖至设计高程，未对成槽质量（例如槽宽、槽深和垂直度等）进行检查，可能出现槽壁坍塌和钢筋笼难以放入槽孔内。

⑦泥浆浓度不满足槽壁稳定的需要，重复使用的泥浆如果性能发生变化，未进行再生处理，可能使泥浆达不到护壁的要求，导致槽壁坍塌。

⑧成槽机械开挖到一定深度时，未立即输入调好的泥浆，泥浆不能及时起到护壁的作用，可能导致槽壁坍塌。

⑨泥浆沉淀池周围未设防护栏杆，作业人员不慎坠入泥浆池导致窒息事故。

⑩在保护设施不齐全的情况下，作业人员下槽内清理障碍物，若槽壁坍塌，极可能导致窒息事故。

⑪槽段邻近建筑物或在槽段邻近堆放土方、钢筋等重物，可能使槽壁受到附加的侧向土压力，导致槽壁坍塌。

2. 风险控制重点

①严禁在槽段两侧堆放土方、钢筋等重物，槽段与邻近建筑物的距离应保持在安全距离以内，以防槽壁坍塌。

②成槽机、起重机工作时，吊臂下严禁站人，以防发生机械伤害。

③挖槽须采用间隔式开挖，以防槽壁坍塌。

④挖槽过程中，应观测槽壁变形、垂直度、泥浆液面高度，以防出现槽壁坍塌。

⑤挖槽过程中，应控制抓斗上下运行速度，以防槽壁坍塌。

⑥槽段挖至设计高程，应对成槽质量（例如槽宽、槽深和垂直度等）进行检查，以防出现槽壁坍塌以及钢筋笼难以放入槽孔内。

⑦泥浆浓度须满足槽壁稳定的需要，重复使用的泥浆如果性能发生变化，应进行再生处理。

⑧成槽机械开挖到一定深度时，应立即输入调好的泥浆，以防槽壁坍塌。

⑨在保护设施不齐全、监护人员不到位的情况下，严禁作业人员下槽内清理障碍物，以防槽壁坍塌导致窒息事故。

3. 风险控制技术

①挖槽时，抓斗中心平面应与导墙中心平面相吻合。

②成槽机、起重机工作时，吊臂下严禁站人。

③单元槽段长度应符合设计规定，并采用间隔式开挖，一般地质应间隔一个单元槽段。

④挖槽过程中，应观测槽壁变形、垂直度、泥浆液面高度，并应控制抓斗上下运行速度。

⑤槽段挖至设计高程后应及时检查槽位、槽深、槽宽和垂直度，并做好记录，然后进行清底。

⑥现场应设泥浆沉淀池，周围应设防护栏杆；废弃泥浆和钻渣应妥善处理，不得污染环境。

⑦成槽机械开挖一定深度后，应立即输入调好的泥浆。泥浆浓度应满足槽壁稳定的要求，泥浆液面高度不低于导墙底面，若重复使用的泥浆性能发生变化，应进行再生处理。

⑧准备一定数量黏土，出现塌孔情况时应立即回填黏土，避免槽壁坍塌范围扩大。

⑨挖槽时应加强观测，遇槽壁发生坍塌、沟槽偏斜等事故时，应立即停止作业，查明原因，采取相应的安全技术措施，待确认安全后，方可继续作业。

⑩在保护设施不齐全、监护人员不到位的情况下，严禁人员下槽内清理障碍物。

⑪严禁在槽段两侧堆放土方、钢筋等重物，或停置和通行起重机等重型施工机械；槽段与邻近建筑物的距离须保持在安全距离之内。

（三）连续墙施工

1. 风险分析

①地下连续墙施工前未平整场地，起重机在作业过程中可能发生起重伤害。

②两台起重机同时起吊，未注意负荷的分配，可能使其中一台负荷过大而倒塌，导致起重伤害。

③钢筋笼起吊时，未对两台起重机进行统一指挥，可能出现两台起重机动作不协调，发生倒塌，导致起重伤害。

④筋笼下放过程中，遇到阻碍不能下放时，仍强行下放，可能导致槽壁坍塌。

⑤吊钢筋笼时，未检查起重机的稳定性、制动器的可靠性、吊点和钢筋笼的牢固程度，可能出现起重机倒塌，钢筋笼坠落，导致槽壁坍塌、起重伤害和物体打击事故。

⑥各类钢筋笼未设置纵向抗弯桁架，可能使钢筋在吊装过程中产生变形，产生不必要的施工步骤，减缓施工进度。

⑦吊装好钢筋笼后未能及时灌注混凝土，施工槽段因闲置时间过长而引起槽壁坍塌，混凝土灌注后有可能出现夹泥现象，导致地下连续墙渗漏。

⑧混凝土灌注时，未控制好导管的埋管深度，可能出现导管拔空，使墙体混凝土夹泥，导致地下连续墙渗漏。

⑨灌注地下连续墙的混凝土供料不及时，难以保持浇筑的连续性，混凝土在槽内上升速度慢，流动性差，使土渣夹入墙体之中，导致地下连续墙渗漏。

2. 风险控制重点

①两台起重机同时起吊，应注意负荷的分配，以防发生起重伤害。

②钢筋笼起吊时，应对两台起重机进行统一指挥，以防两台起重机动作不协调，发生起重伤害。

③钢筋笼下放过程中，遇到阻碍不能下放时，禁止强行下放，以防槽壁坍塌。

④吊钢筋笼时，须检查起重机的稳定性、制动器的可靠性、吊点和钢筋笼的牢固程度，以防槽壁坍塌以及发生起重伤害和物体打击伤害。

⑤吊装好钢筋笼后，应立即灌注混凝土，以防地下连续墙局部夹泥渗漏。

⑥混凝土灌注时，须控制好导管的埋管深度，以防地下连续墙局部夹泥渗漏。

⑦灌注地下墙的混凝土供料应及时，同时保持灌注的连续性，以防地下连续墙局部夹泥渗漏。

3. 风险控制技术

①地下连续墙施工前，应平整场地，清除成槽范围内的地面、地下障碍物。

②钢筋笼下放前必须对槽壁垂直度、平整度、清孔质量及槽底高程进行严格检查。

③下放过程中，遇到阻碍，钢筋笼放不下去时，严禁强行下放。

④若发现槽壁土体局部突出或坍落至槽底，则必须整修槽壁，清除槽底坍土后，方可下放钢筋笼。

⑤严禁割短或割小钢筋笼。

⑥起重机吊钢筋笼时，应先吊离地面 $0.2 \sim 0.5$ m，检查起重机的稳定性、制动器的可靠性、吊点和钢筋笼的牢固程度确认可靠后，方能继续起吊。

⑦两台起重机同时起吊，须注意负荷的分配，每台起重机分担的负荷不得超过该机允许负荷的 80%。

⑧钢筋笼起吊时，须对两台起重机进行统一指挥，使两台起重机动作协调相互配合。

⑨各类钢筋笼均设置纵向抗弯桁架，拐角钢筋笼增设定位斜拉杆。

⑩钢筋笼就位后，应立即进行灌注混凝土，间隔时间不得超过 4 h。

⑪须保证开始灌注混凝土时埋管深度不小于 500 mm。

⑫须保证均匀连续灌注混凝土，因故中断灌注时间不得超过 30 min。

⑬导管随混凝土灌注应逐步提升，其埋入混凝土深度应为 $1.5 \sim 3.0$ m，相邻两导管内混凝土高差不应大于 0.5 m。

⑭混凝土灌注应高出设计高程 $300 \sim 500$ mm。

第七章
道路交通控制技术及应用

第一节 交通控制概述

一、交通控制的分类

交通控制的发展是一个不断实践的过程，在发展过程中形成了许多概念和名称，下面我们将对有关的内容进行系统的归纳和概括。

（一）按控制区域的特点划分

按控制区域划分，可分为单个交叉路口的控制（点控制）、交通干线的协调控制（线控制）和区域交叉路口的网络控制（面控制）三种类型。

1. 单个交叉路口的控制（点控制）

当某个交叉路口与其相邻的交叉路口相距较远时，可以利用一台信号控制器控制其信号的变化，称为单点信号控制，又称孤立交叉口信号控制。点控制还被应用于高速公路的单一入口或出口匝道的控制。其特点是相邻的交叉口之间在信号配时上相互没有关联，各自独立调整和运行。点控制可使用人工控制、定时控制和感应式控制。

2. 交通干线的协调控制（线控制）

这种控制方式将城市某条道路或路网某个范围内的主要信号交叉口视为一个整体，从系统论的观点出发，使各交叉口的信号在配时上遵循一定的规律，互相关联和制约，使整体处于最佳运行状态。这种方式称为信号的协调控制，也称绿波交通。

3. 区域交叉路口的网络控制（面控制）

区域交通控制系统是对整个城市范围内或者城市的一个区域内的交通信号控制做统一控制及操作的（网络）控制系统。

（二）按照控制原理划分

按控制原理划分，可分为多段定时控制、感应控制、脱机优化控制和自适应控制四种类型。

1. 多段定时控制（人工优化技术控制）

这种控制方式以历史交通流的统计值为依据，找出每个日/周和时/日不同交通流变化规律，用人工方法和计算机仿真方法，在时空图上反复做图解分析，寻求不同时段的最佳信号配时方案，采用程序存储方式将这些配时方案存储在信号控制器或中心计算机中。在实施信号控制时可以用不同的方式调用这些配时方案，通常可用日历钟在规定的时间表的控制下选用对应的方案，也可以按车辆检测器测量的实际交通需求选用合适的方案。

2. 感应控制

感应控制的原理是根据车辆检测器测量的交通流数据调整信号机内相应方向的绿灯时间的长短和时间顺序，以适应交通的随机变化。这种方式比定时控制有更大的灵活性，可以达到减少路口停车延误、提高交叉口通行能力的目的。

3. 脱机优化控制

在对交通流历史统计数据进行分析与计算中，采用计算机技术，适用于复杂道路网的信号配时优化。建立优化模型时，通常以车辆延误等作为运行指标（目标函数），在约束条件下进行计算机优化求解，即寻求使道路网运行指标达到极值下的最佳信号配时方案。在脱机优化过程中，计算机承担大量历史数据分析与计算以及优化求解，故脱机优化技术又称离线优化技术。当道路网结构参数和交通流数据变动较大时，需要重新进行优化求解，以寻求在新情况下的最佳配时方案。

4. 自适应控制（联机优化控制）

在一条干线或一个区域，根据交通流的动态的随机变化而自动地调整信号控制参数，使控制系统自动地适应交通流的随机变化，这种控制方式就是自适应交通控制方式。在联机优化过程中，计算机实时地生成最佳配时方案，并实时地参与信号协调控制，故联机优化技术又称在线优化技术。采用此种优化技术的信号协调控制多适用于交通流波动大的道路网。

（三）按照控制思想划分

按控制思想划分，可分为被动式控制和主动式控制两种类型。

1. 被动式控制——交通信号控制系统

交通信号控制系统通过路边装置或设备，如交通信号灯、固定或可变信息标志板向驾驶人员或行人显示控制信息来达到对交通流进行时间分离和控制的目的。这种系统已经存在了 100 多年。在近些年中，这种系统已经逐步以计算机控制系统的形式出现。使用计算机控制的交通信号和信息标志板，能够以直观的方式帮助驾驶人迅速而又恰当地处理可直接观察到的外部环境信息，同时又在驾驶人和不可见的外部环境的交通信息之间建立起有限的直接联系，主要应用于城市路网平面交叉口及高速公路主线及其匝道等处的交通控制。

交通信号控制，无论是从几何特征分的点、线、面的控制，还是按控制原理分的定时、感应和自适应控制，其控制的思想都是以已经运行到道路上的交通（车辆或行人）为主体，通过事先人工调查或实时自动检测的方法，了解其变化规律和实时状态，在此基础上选取适当的控制方案（或控制参数）或联机实时生成控制方案（或控制参数）控制信号变化，再去应对或适应交通的需求。从表面上看交通是受信号指挥的，但实质上交通信号是受制于已形成的交通需求的，也就是说交通信号是被动地控制交通流的变化。

2. 主动式控制——交通自动化路径诱导系统

传统的信号控制方法的不足之处在于控制系统与道路使用者之间交换的信息量的局限性限制了系统功能的发挥。控制系统给予驾驶人的信息通常是以交通信号或可变交通标志显示出来的，而道路使用者给予控制系统的信息仅仅是通过检测器"告诉"系统某些车辆从哪里通过，最多还能给出大致的行驶速度。信息是控制和决策的依据，正因为控制系统本身与被其控制的对象之间的信息交换十分有限，这才决定了系统的局限性。

从 20 世纪 70 年代起，一些发达国家开始了一种新的控制系统——交通自动化路径诱导系统的研究，并在短短的几年时间内推出了示范系统。这种系统在驾驶人和系统之间建立了双向通信功能，两者之间的信息交换可视需要而定，因此使系统功能更加丰富。系统能根据驾驶人事先给出的位置和行驶的目的地等信息，给出优化的行驶路线，通过对所控区域内行驶的车辆发出指令和忠告，使区域内道路系统的交通负荷合理地均匀分布，从而预防交通阻塞的发生，即使阻塞发生也不会加剧；相反，通过对交通流主动的引导、分配，会使阻塞缓解和消除。

随着车联网技术的发展，通过无线射频识别技术对车辆进行数字化管理，包括实时跟踪、监管车辆运行状况等。如同物联网一样，车联网的基础是传感器，加强传感器操作是必不可少的，将交通信号、摄像头、拥堵路段报告、天气情况等信息融合起来，从而形成汽车与道路的"互联"。通过各个道路、技术管理部门的沟通配合，实现汽车、道路与人的有机结合，真正形成车联网，这将极大地推动道路交通控制技术的发展。

二、交通控制理论

(一) 经典控制理论

经典控制理论，是自动控制理论中建立在频率响应法和根轨迹法基础上的一个分支。它的研究对象是单输入、单输出的自动控制系统，特别是线性定常系统。经典控制理论的特点是以输入输出特性（主要是传递函数）为系统数学模型，采用频率响应法和根轨迹法等图解分析方法，分析系统性能和设计控制装置。

经典控制理论的数学基础是拉普拉斯变换，占主导地位的分析和综合方法是频率域方法。经典控制理论主要研究系统运动的稳定性、时间域和频率域中系统的运动特性（如过渡过程、频率响应）、控制系统的设计原理和校正方法。经典控制理论包括线性控制理论、采样控制理论、非线性控制理论三个部分。这种控制理论常被称为自动调节原理，随着以状态空间法为基础和以最优控制理论为特征的现代控制理论的形成（在1960年前后），开始广泛使用现在的名称。

20世纪40年代末和50年代初，频率响应法和根轨迹法被推广用于研究采样控制系统和简单的非线性控制系统，标志着经典控制理论已经成熟。经典控制理论在理论上和应用上所获得的广泛成就，促使人们试图把这些原理推广到生物控制机理、神经系统、经济及社会过程等非常复杂的系统。经典控制理论在解决比较简单的控制系统的分析和设计问题方面是很有效的，至今仍不失其实用价值；其存在的局限性主要表现在只适用于单变量系统，且仅限于研究定常系统。

(二) 人工智能控制理论

1. 人工智能

人工智能是研究人类智能活动的规律，构造具有一定智能行为的人工系统，以实现脑力劳动部分自动化的综合性学科。人工智能的基本目标是在传统计算机上使用人工智能技术编制的程序，完成以往需要人的智能才能胜任的工作，如推理、学习、联想，理解自然语言，制订行动计划等。这种模拟人的智能的技术尚处于初级阶段，只能做到一定程度的形似，而不能保证神似。计算机只是在给定的问题范围内，在有限程度上表现出同人相似的智能行为，还不能严格模拟人在处理信息时的思维形式和思维过程。人工智能的长远目标是在思维科学指导下，对传统计算机的硬件、软件和体系结构进行改造，研制人工智能系统，并不断提高这类系统的思维模拟水平。人工智能的技术是从人类各种智能行为（如问题求解、感知、学习、创造、语言表述等）中总结提炼出来的，它与心理学、逻辑学、语言学等多种学科相关。人工智能研究能提高计算机的灵活性，使其发挥更大的作用，因此有时也称机器智能，被认为是计算机科学的一个分支。人工智能的基本问题，可分为技术基础和应用研究两个方面。

人工智能研究可以追溯到通用的非数值符号计算模型（图灵机）。在出现了大规模的高速计算机以后，研究人工智能的一些先驱学者才从信息处理的角度认识到，人的思维过程和计算机工作过程都可归结为符号过程。以人（脑）的信息处理为模型，研制解脱部分脑力劳动的人工系统，这是人工智能的任务；而根据计算机的符号过程反过来研究人在信息处理时的思维活动规律，则是认知心理学的任务。因此，人工智能和认知心理学是在 20世纪 50 年代中期，随着高速计算机的发展而同时产生的孪生学科。

人工智能的技术基础包括知识表示、问题求解、机器定理证明或自动演绎、工具与语言等方面。

知识表示：将所需要的知识形式化，以便人工智能系统在进行决策、规划、识别物体、分析物景、推导结论时运用。从方法论来看，知识表示有表示事实和假设的陈述型与表示动作和行为的过程型两类。知识获取和认知建模还同认知心理学有关。

问题求解：人工智能研究中的通用技术，包括搜索（特别是依靠直观经验知识的启发式搜索）、行动计划和已形成独立分支领域的机器定理证明或自动演绎等内容。

机器定理证明或自动演绎：重点是常识推理，即运用逻辑方法，主要是运用归结法或自然演绎法并结合探试法，把人们日常生活中常识推理的模式符号化，也包括研究数学定理的机器证明，还包括非标准逻辑中的自动演绎和 20 世纪 70 年代发展起来的逻辑程序设计等内容。

工具与语言：在人工智能研究工具中，除了计算机以外，最重要的工具是适用于描述智能行为的语言。LISP 语言是人工智能研究中广泛应用的一种基本语言，这是因为 LISP语言的条件表达式的递归运用，符号信息在外部用表的形式表示而在内部用表结构的形式表示，程序和数据形式上的一致性等特点，都能适应人工智能的需要。为了提高 LISP 程序的执行效率，已研制出 LISP 机，直接将 LISP 语言的系统函数作为机器指令来执行。此外，第一个初步实现逻辑程序设计基本思想的 Prolog 语言也受到了广泛的注意。人们还注意到人工智能研究的程序设计环境。

从广义上说，人工智能研究的一切问题都可以看作问题求解，问题求解的策略技术适用于人工智能的各个方面。有些问题（如游戏）尽管目的不在于直接应用，但对研究复杂智能机制（如学习）仍有启示意义。从 20 世纪 70 年代后的发展趋势来看，人工智能已开始面向实际应用。人工智能的应用研究主要包括专家系统、自然语言理解、机器视觉、自动程序设计、公式推演和智能机器人等方面的内容。

专家系统：在特定领域内能像专家那样解决复杂问题的程序系统。它的问世标志着一门以知识为处理对象、以知识的表示和运用为主要手段的新的学科——知识工程的诞生，也标志着人工智能从单纯的理论探索到面向应用的重大转折。

自然语言理解：研制各类自然语言处理系统，以便人机之间在较大范围内直接使用自然语言（书面语和口语）通信，对揭示人类语言机制和思维奥秘也有重要作用，因而它是人工智能研究中活跃的分支之一。

机器视觉：研究根据输入的投影图像来分析、理解原来的三维物景的方法和技术，主要用于机器视觉系统和智能机器人中。

自动程序设计：运用人工智能技术实现程序设计自动化或部分自动化的技术。

公式推演：以数学知识为基础运用人工智能技术实现公式推演自动化的技术。

智能机器人：一种能再现人的感觉、操作和行动，并能处理意外事件，从事复杂作业的机器人，需要综合运用人工智能技术和机器人技术。

随着人工智能的广泛应用，加强基础理论研究的重要性也日益明显，人工智能研究需要用思维科学来指导，同时人工智能的发展也将对思维科学的研究做出贡献。

2. 模糊控制

模糊控制是采用由模糊数学语言描述的控制律（控制规则）来操纵系统工作的控制方式。按照模糊控制律组成的控制装置称为模糊控制器。在实际工程中，许多系统和过程都十分复杂，难以建立起确切的数学模型和设计出通常意义下的控制器，只能由熟练的操作者凭借经验以手动方式控制，其控制规则常常以模糊的形式体现在控制人员的经验中，很难用传统的数学语言来描述。模糊集理论的创始人提出模糊集概念后，又先后提出语言变量、模糊条件语句和模糊算法等概念和方法，使某些以往只能用自然语言的条件语句形式描述的手动控制规则可采用模糊条件语句形式来描述，从而使这些规则成为在计算机上可以实现的算法。此后，模糊控制方法迅速得到推广，被应用于热交换器、水泥窑、交通控制等许多领域。模糊控制系统的结构组成和工作原理如图7-1所示。

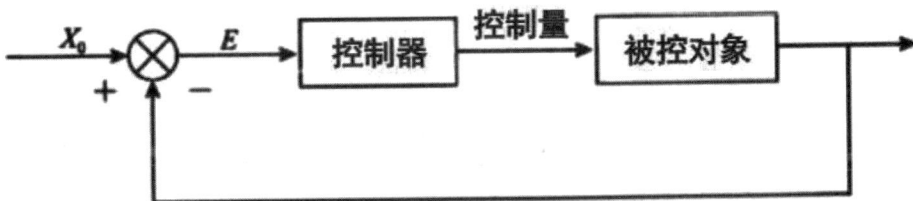

图 7-1 模糊控制系统结构原理图

控制器的任务是根据系统输出的误差和误差变化情况来决定控制对象的输入量。在手工操作的情况下，这项工作原来是由控制人员通过手动控制完成的，把他们的经验表述为一套自然语言的条件语句，再应用模糊集合论将其转化为一组模糊条件语句，就可用来组成模糊控制规则。例如，对于由下述语句表述的经验规则："如果误差很大，且误差继续朝不利方向很快变化，应加大控制量；如果误差大小为中等程度，且朝着有利于减小误差的方向变化，应使用很小的控制量来使误差继续减小……"按照法则可把这些自然语言的条件语句转化为相应的模糊条件语句：

如果 E＝NB，EC＝NB，则 μ＝PB；

否则，如果 E＝NM，而且 EC＝PS，则 μ＝O；

否则……

其中：E 指误差，EC 指误差变化情况；N 表示负的，P 表示正的；B 表示大，M 表示中等，S 表示小，O 表示零。NB、NM、NS、NO、O、PO、PS、PM、PB 表示不同的模糊集合，它们用来表示误差、误差变化情况和控制量的大小或程度。例如，将误差可能出现的范围分为 13 个区间，那么 NB、NM……PB 就是这 13 个元素组成的论域上的不同的模糊集。已有一些方法可用来将模糊条件语句表述的模糊算法变成计算机可以执行的运算。常用的方法是，将模糊条件语句变换为一个模糊关系记作 R，将系统的实际误差和误差变化情况变换成模糊集记作 A，然后通过公式 U＝A⊙R（其中"⊙"表示某种运算）来算出控制量论域上的模糊集 U，再根据 U 和一定的法则即可求出所需要的控制量。

模糊控制的特点是无须考虑控制对象的数学模型和复杂情况，而仅依据由操作人员经验所制定的控制规则就可构成。凡是可用手动方式控制的系统，一般都可通过模糊控制方法设计出由计算机执行的模糊控制器。模糊控制所依据的控制律不是精确定量的，其模糊关系的运算法则、各模糊集的隶属度函数，以及从输出量模糊集到实际的控制量的转换方法等，都带有相当大的任意性。对于模糊控制器的性能和稳定性，常常难以从理论上做出确定的估计，只能根据实际效果评价其优劣。

3. 专家系统

以知识为基础，在特定问题领域内能像人类专家那样解决复杂现实问题的计算机（程序）系统，属于知识型系统。也有人认为，应将专家系统理解为人机系统。研制专家系统的实际经验表明，专家系统获得成功主要是因为系统拥有大量的知识。用什么方式表示和应用知识决定于问题的性质。

专家系统的理想结构：早期的专家系统结构比较简单，一般由知识库、全局数据库和解释程序三个基本部分组成。随着专家系统应用的发展，其体系结构也产生了相应的变化。一个理想的专家系统的体系结构大体上由七个部分组成。

语言处理程序：它在特定问题领域内提供用限定的自然语言进行人机通信的手段。

知识库：用以存放相对稳定的规则和事实。

全局数据库：黑板结构是它的一种新形式，主要用以记录动态变化的中间数据，其中"计划"部分包含问题目标、待解决的子问题和当前的环境数据等；"议程"部分包含待处理的事件和待采取的行动；"方案"部分列出所有可以选用的假说和相应的决定。

解释程序：根据当前局势具体执行某条规则。

调度程序：对知识库中各规则的执行顺序进行控制。

协调程序：当引入新数据或新规则而使某结论的前提条件发生变化时，对该结论进行调整。在早期的专家系统中，对控制功能要求不高，往往只设置一个统一的解释程序。

说明程序：向用户显示解题过程并说明其理由。专家系统起着人的智能助手作用，要使专家系统真正实用化，必须取得用户信赖，克服人的消极心理因素，从这个意义说，程序的作用非常重要。

专家系统的功能和应用领域：专家系统的功能和相应的应用领域大致可归纳为以下几个方面。

①解释：根据实验数据或由传感器提供的感觉信号对当前局势进行解释，可用于空间监视、言语理解、图像理解、化学结构分析、信号解释等方面。这类系统的共同技术特征是对获得的数据指派合适的符号意义。

②预测：根据当前局势对以后可能出现的结局进行预测，可用于天气预报、人口统计、交通事故分析、作物收成估算等方面。这类系统通常使用一个参数动态模型，模型中参数的值与给定的局势拟合，从模型推出的结论形成预测的依据。

③诊断：根据观测数据确定故障所在，可用于医疗、电子、机械和计算机软件等方面的故障诊断。这类系统通常使用一张联想表，将待诊断对象的异常行为与其出现的原因联系起来，在较复杂的情形下需要将设计知识同运转维护知识结合起来，对可能出现的各种故障进行比较。

④设计：根据设计要求确定产品结构，可用于电路布线、建筑设计和预算编制等方面。这类系统属于智能化计算机辅助设计系统，要对设计部件相互关系进行描述和分析来证明所定结构的合理性，有时还要考虑设计目标的优化问题。

⑤行动计划：它的任务是设计行动步骤，可用于机器人作业设计、自动程序设计等方面。

⑥监控：将观测到的系统行为与可能影响工作完成的因素进行比较和辨识。它能辨识两种情况，一是正常作业的前提条件是否受到破坏，二是作业是否有破坏工作环境的副作用。这类系统可用于核电站监控、空中交通调度、作物病害管理、财务监督等方面，但它尚处于实验阶段。

⑦调试或故障排除：它的任务是对已发现的计算机程序错误或机电等设备的故障提出

处理意见。这类专家系统尚处于研制过程中。

⑧修理：针对已诊断出的问题制订修理计划并具体执行。这类专家系统一般兼有故障排除和计划制订等功能，预期可应用于汽车、电子、航空、航天等工业，但尚处于研究的初始阶段。

⑨教学：能在特定领域内对学生（或徒工）因材施教的授业传艺，因此常称智能化计算机辅助教学。这类专家系统通常包含诊断子系统和错误纠正子系统。首先需要建立关于对象知识状态的模型，然后从中发现问题并采取相应措施，最后通过对话使教学对象得到适应其需要的知识。

⑩控制：能自适应地控制对象的宏观行为，用于控制的专家系统一般兼有理解、预测、诊断、计划制订、监控等多方面的功能，能用于空中交通管制、商务管理等问题，称为专家控制系统。将研制专家系统的知识工程技术用于控制问题具有重大而深远的意义。实践表明，许多复杂控制过程难以用数学方法建立定量计算模型，而必须用知识工程技术建立定性分析模型，有时还需要建立定性分析与定量计算相结合的理论模型（如核电站控制问题）。这不但表明工程控制技术与知识工程技术的结合，还意味着系统科学与思维科学的相互渗透。上述各种功能并不互相排斥，因此，一个实际专家系统可能兼有多种功能。

4. 智能控制

智能控制，是在无人干预的情况下能自主地驱动智能机器实现控制目标的自动控制技术。对许多复杂的系统，难以建立有效的数学模型和用常规的控制理论去进行定量计算与分析，因而必须采用定量方法与定性方法相结合的控制方式。随着人工智能和计算机技术的发展，已经有可能把自动控制和人工智能以及系统科学中一些有关学科分支结合起来，建立一种适用于复杂系统的控制理论和技术。智能控制正是在这种条件下产生的，它是自动控制技术的最新发展阶段，也是用计算机模拟人类智能进行控制的研究领域。

智能控制具有交叉学科和定量与定性相结合的分析方法的特点。定量方法与定性方法相结合的目的是，要由机器使用类似于人的智慧和经验来引导求解过程。因此，在研究和设计智能系统时，主要注意力不放在数学公式的表达、计算和处理方面，而是放在对任务和现实模型的描述、符号与环境的识别以及知识库和推理机的开发上，即智能控制的关键问题不是设计常规控制器，而是研制智能机器的模型。此外，智能控制的核心在高层控制，即组织控制。高层控制是对实际环境或过程进行组织、决策和规划，以实现问题求解。为了完成这些任务，需要采用符号信息处理、启发式程序设计、知识表示、自动推理和决策等有关技术。这些问题求解过程与人脑的思维过程有一定的相似性，即具有一定程度的"智能"。

目前，已经提出的用以构造智能控制系统的理论和技术有分级递阶控制理论、分级控制器设计的熵方法、智能逐级增高而精度逐级降低原理、专家控制系统和学习控制系统等。分级递阶智能控制系统和专家控制系统是两种较为重要的智能控制系统。

（1）分级递阶智能控制系统

它是在学习控制系统的基础上将人工智能与适应控制系统和自组织系统结合起来逐渐形成的，现已提出两种较为重要的理论。

①知识基/解析混合多层智能控制，用于解决复杂离散事件的控制设计问题。这类设计问题的主要困难是复杂系统及其驱动事件的描述存在不确定性和控制结构复杂。这种理论把复杂系统分为几段，分别建立各段的数学模型，并把集结算子用于段模型集，求出近似的总体模型，从而构造出系统的两层递阶控制结构。在对事件进行检测分类的基础上，高层解决大规模事件的辨识以及全局控制设计和目标协调问题，低层解决小规模事件的辨识和局部设计问题，最后对知识基辨识和控制过程以及解析控制进行数学描述，完成整个系统的控制功能。这种混合控制理论已经在一些智能控制系统中得到应用。

②三级智能控制理论。整个系统由组织级、协调级和执行级组成，并具有控制精度随控制智能提高而降低的特点。组织级起主导作用，涉及知识的表示和处理，主要运用人工智能；协调级在组织级和执行级之间起连接作用，涉及决策方式的表示，采用人工智能和运筹学实现控制；执行级是底层，具有很高的控制精度，采用常规控制。在系统中，采用概率模型来表示组织级的推理、规划和决策的不确定性，并据以指定协调级的任务和执行级的控制作用；采用熵来度量智能机器执行指令的效果和进行最优决策。这种方法已在工业、航天、核处理和医学等方面的自动控制系统的设计中得到应用。

（2）专家控制系统

它能模仿人类控制专家和操作人员的控制技能与经验，有专家控制系统和专家式控制器两种形式。前者结构复杂，造价高，因而用得不多；后者结构较简单，又能满足工业过程控制的要求，因而应用日益广泛。已经根据不同的应用场合研制出了多种不同结构的专家控制器，例如，以知识库为核心再配以特征信息识别处理、推理机和控制规则集等功能块构成的专家控制器。它的知识库由数据库和学习适应器组成，用以存放有关工业生产过程领域的知识。推理机是另一个关键部分，用以记忆所采用的规则、控制策略和推理策略，并根据知识库提供的信息使整个控制器以逻辑方式协调工作，进行推理，做出决策，寻求理想的控制作用。另一种比例积分控制专家调节器具有按任务分级的软件结构。这种软件结构由多个反映人类专家思考决策过程的部分构成，并把每个分级的基本任务分解为适于采用实时控制和专家系统技术的子任务，通过相应子系统完成子任务来实现整个系统的控制功能。专家模糊控制器是一种研究得十分活跃的专家控制器。

智能控制的研究领域很多，它们的研究课题既具有独特性，又相互关联。目前，研究得较多的是以下六个方面。

①智能机器人。

②智能过程规划，即由计算机完成把生产设计转换为加工计划的过程。

③智能过程控制，即用计算机模拟人的经验，建立知识基模型，实现自动推理、决策和控制，使生产过程的某些物理量保持在一定精度范围内。

④专家控制系统，其任务是自适应地管理对象或过程的未来行为，诊断可能发生的问题，不断修正和执行控制计划。

⑤语言控制，即把自然语言理解用于自动控制。例如，对机器人进行语音控制，根据语音自动查找电话号码，用语音监控设备等。

⑥智能仪表。电子仪表与计算机技术和人工智能技术结合起来能大大增强功能和通用性。

人工智能控制理论在交通系统中的应用出现了智能交通控制，对智能交通控制理论和结构的研究又进一步促进了智能交通控制系统的发展。

（三）现代控制理论

在 20 世纪 60 年代以前，研究自动控制系统的传统方法主要是传递函数，研究对象主要是单输入单输出的定常系统，这样建立的理论就是所谓的经典控制理论。随着宇航技术和工业生产的发展，以及电子计算机的出现，控制系统日益复杂，而传统的研究方法也就更难适应形势发展的需要。在此情况下，现代控制理论便在 20 世纪 60 年代初期诞生了。它以动态规划、极大值原理和滤波方法为基础，立足于状态变量法，研究复杂的系统，要求系统达到最优的指标。由于大规模工业生产、宇航方面的促进和推动，现代控制理论自诞生后发展非常迅速，已经在所有与自动化技术有关的领域里（如宇航、电子、机械制造、化工、仪表、交通运输等领域）获得广泛应用。

1. 最优控制

最优控制是现代控制理论的一个主要分支，着重研究使控制系统的性能指标实现最优化的基本条件和综合方法。最优控制理论所研究的问题可以概括为：对一个受控的动力学系统或运动过程，从一类允许的控制方案中找出一个最优的控制方案，使系统的运动在由某个初始状态转移到指定的目标状态的同时，其性能指标值为最优（最大或最小）。这类问题广泛存在于技术领域和社会问题中。例如，确定一个最优控制方案使空间飞行器由一个轨道转换到另一个轨道过程中燃料消耗最少，选择一个温度的调节规律和相应的原料配比使化工反应过程的产量最多，制订一套最合理信号控制方案使车辆延误、停车次数、燃油消耗及废气排放指标等为最优，等等，都是一些典型的最优控制问题。

为了解决最优控制问题，必须建立描述受控运动过程的运动方程，给出控制变量的允许取值范围，指定运动过程的初始状态和目标状态，并且规定一个评价运动过程品质优劣的性能指标。性能指标的好坏取决于所选择的控制函数和相应的运动状态。系统的运动状态受到运动方程的约束，而控制函数只能在允许的范围内选取。因此，从数学上看，确定最优控制问题可以表述为：在运动方程和允许控制范围的约束下，对以控制函数和运动状态为变量的性能指标函数（称为泛函）求取极值（极大值或极小值）。解决最优控制问题的主要方法有古典变分法、极大值原理和动态规划。

古典变分法：研究对泛函求极值的一种数学方法。古典变分法只能用在控制变量的取值范围不受限制的情况。在许多实际控制问题中，控制函数的取值常常受到封闭性的边界限制，如方向舵只能在两个极限值范围内转动，电动机的力矩只能在正负的最大值范围内产生等。因此，古典变分法对于解决许多重要的实际最优控制问题是无能为力的。

极大值原理：又称极小值原理，是分析力学中哈密顿方法的推广。极大值原理的突出优点是可用于控制变量受限制的情况，能给出问题中最优控制所必须满足的条件。

动态规划：数学规划的一种，同样可用于控制变量受限制的情况，是一种很适合于计算机上进行计算的比较有效的方法。

最优控制理论已被应用于综合和设计最优控制系统、最省燃料控制系统、最小能耗控制系统、线性调节器等。

2. 随机控制

随机控制，是控制理论中把随机过程理论与最优控制理论结合起来研究随机系统的分支。随机系统是指含有内部随机参数、外部随机干扰和观测噪声等随机变量的系统。随机变量不能用已知的时间函数描述，而只能了解它的某些统计特性。自动控制系统分为确定性系统和不确定性系统两类，前者可以通过观测来确定系统的状态，后者则不能；随机系统是不确定性系统的一种，其不确定性是由随机性引起的。严格地说，任何实际的系统都含有随机因素，但在很多情况下可以忽略这些因素。当这些因素不能忽略时，按确定性控制理论设计的控制系统的行为就会偏离预定的设计要求，从而产生随机偏差量。飞机或导弹在飞行中遇到的阵风，在空间环境中卫星姿态和轨道测量系统中的测量噪声，各种电子装置中的噪声，在生产过程中的种种随机波动等，都是随机干扰和随机变量的典型例子。随机控制系统的应用很广泛，涉及航天、航空、航海上的火力控制系统，工业过程控制，经济模型的控制，交通系统的控制，以及生物医学等。

随机控制理论研究的领域包括随机系统的结构特性和运动特性（如动态特性、能控性、能观测性、稳定性）的分析，随机系统状态的估计，以及随机控制系统的综合（即根据期望性能指标设计控制器)。随机系统中含有随机变量,所以在研究中需要使用随机过程的基本概念和概率统计方法。严格实现随机最优控制是很困难的。对于线性二次型高斯(LQG)随机过程控制问题,包括它的特例最小方差控制问题,可以应用分离原理把随机最优控制问题分解成状态估计问题和确定性最优控制问题,最终能得到全局最优的结果,但对于一般的随机控制问题应用分离原理只能得到次优的结果。

在随机最优控制中,由于存在不确定性,控制作用常宁可取得弱一些,保守一些,这称为谨慎控制。另外,为更好和更快地进行估计,必须不断激发系统中各种运动模式,为此需要加入一些试探作用。试探作用的大小,则根据增加的误差、直接费用和所带来的好处等因素加以折中权衡进行选择。谨慎和试探已成为设计随机控制策略的两个重要原则。

3. 自适应控制

自适应控制是能在系统和环境信息不完备的情况下改变自身特性来保持良好工作品质的控制系统。信息不完备表现为系统和环境的特性或其变化规律的不确定性。自适应控制系统中采用有目的的搜索和试探等方法,通过对环境不断进行观测和对已有控制品质进行评价与分析,在采集和加工信息的基础上学习和改进关于环境特性的知识,减小不确定性,进而模仿工程师的设计过程,自动地调整系统的结构或参数,达到改善系统品质的目标。在大多数情况下,自适应过程必须依靠计算机来完成。适应性是生物机体的基本特性之一。无论是生物个体还是整个物种,都是依靠适应性在长期进化过程中逐渐形成各种灵活、完善的控制功能的。生物的适应性可成为建立适应控制系统的原理和各种方法的借鉴。

按照自适应控制原理设计的控制系统常常会出现失稳或参数发散的现象,这使人们认识到稳定性是自适应控制系统的重要研究课题。对于自适应控制系统,即使受控对象是线性定常系统,它的闭环控制系统也是变系数或带有随机干扰的非线性系统,很难由一般分析方法给出稳定性判据。但是,有相当多的自适应控制系统的稳定性问题,可以用李雅普诺夫稳定性理论和波波夫超稳定性理论来研究。模型参考自适应控制系统和自校正适应控制系统实质上是一致的,它们的稳定性分析方法也相互适用。在稳定性分析的过程中还能附带给出一些关于参数选择的信息。李雅普诺夫稳定性理论和超稳定性理论的主要缺点在于它们要求对系统的模型有十分精确的知识。系统参数的变化可能使整个控制系统失去稳定性。这就推动了对自适应控制系统的鲁棒性的研究。由于还没有一般的判据,在实际使用自适应控制系统时,往往主要借助于人工智能技术来积累经验或进行逻辑判断。

自适应控制系统已在船舶驾驶、过程控制等方面取得了一些成功的应用,由于理论还不够完善,一般在完成设计后还需要用仿真技术进行最后的校验。

现代控制理论自 20 世纪 60 年代以来得到了迅速的发展,与此同时,由于微电子技术、计算机技术、通信技术及检测技术的飞速发展和应用，又进一步促进了控制理论的发展。目前，控制理论已经在工业、社会经济、交通运输、生物工程等各个领域得到了广泛的应用。交通控制的理论和实践在这一时期也得到了迅猛发展，并先后出现了多个具有代表性的区域交通控制系统，如 TRANSYT、SCOOT、SCATS 等系统。

第二节 路口与路段的静态交通管理与控制

一、平面交叉口相关基本概念及交通管理控制原则

路口和路段是交通管理与控制的基本单元，路口交通管理与控制是以交叉口为管理对象，通过采取一系列的管理规则及硬件设备控制，来优化利用交叉口的时空资源，提高交叉口通行能力的交通措施。路段交通管理和控制是指以某条道路为管理对象而采取一系列管控措施，来优化利用路段的时空资源，提高路段运行效率的交通管理方法。

平面交叉口（以下简称交叉口）由于交替放行或利用间隙通行、机非干扰影响和信号灯控制等，交叉口每条车道的通行能力为路段的 30%~40%。为使路段和交叉口通行能力匹配，充分挖掘交叉口的通行能力，同时保障交叉口的交通安全，应对交叉口实施科学管理与控制。

交叉口管理与控制的基本原则是：减少冲突点数量，使冲突减少到最低限度，分化冲突点，给予主要车流优先权。具体来说，要优化信号灯相位配置，增加交叉口车道数，减少机非干扰，完善交通标志、标线，增设护栏、导流岛等交通渠化设施等，这些都是交叉口的交通管理和控制的必要手段。

（一）平面交叉口相关基本概念

1. 视距三角形

无控制交叉口通常没有明确的停车线，当车辆到达交叉口时，驾驶人将在距冲突点一定距离处做出决策：减速让行或直接通过。驾驶人所做出的决策很大程度上取决于交叉口上的视距，故无控制交叉口的交通安全是靠交叉口上良好的视距来保证的。绘制交叉口的视距三角形是一种常被用来分析交叉口上视距是否足够的方法。由两条相交道路的停车视距在交叉口所组成的三角形为视距三角形。必须保证视距三角形内无任何构筑物阻挡驾驶人的视线。在多车道的道路上，视距三角形的画法，必须注意，视距线应画在最易发生冲突的车道上。根据实际情况，绘制交叉口的视距三角形，需要分别考虑单向交通交叉口和

双向交通交叉口两种情况。

（1）单向交通视距三角形表示法

在单向交通的道路交叉口，对从左侧进入交叉口车辆的视距线，应画在最靠近其右边的车道上；而对右侧进入交叉口的车辆，则应取最靠近其左边的车道。

（2）双向交通视距三角形表示法

在双向交通的道路交叉口，对从左侧进入交叉口车辆的视距线，应画在最靠近人行道的车道上；而对于从右侧进入交叉口的车辆，则应取最靠近路中线的车道。

2. 交叉口的交通冲突

进出交叉口的车辆由于行驶方向的不同，车辆之间的交错将产生不同性质的交错点。交错点可分为分流点、合流点与冲突点。

同一行驶方向车辆向不同方向分开的地点称分流点（或称分叉点），不同行驶方向车辆以较小角度向同一方向汇合的地点称合流点（或称汇合点），不同行驶方向车辆以较大角度相互交叉后向不同方向分开的地点称冲突点（或称交叉点）。随着交叉口岔道的增加，冲突点和交错点呈几何增长，从而将大大增加交叉口行车的危险性。

（二）平面交叉口的交通管理和控制原则

交叉口交通管理应遵循以下基本原则。

1. 减少交错点

提高交叉口交通安全的根本方法是减少交错点，可采用单行线、在交通拥挤的交叉口禁止左右转弯、用多相位交通信号灯控制交叉口各向交通等方法。

2. 控制相对速度

可采用严格控制车辆进入交叉口的速度，对于右转弯或左转弯车流控制其合流角小于30°，设置一些隔离设施（如隔离墩或导流岛）以减小合流角等方法。

3. 重交通车流和公共交通优先通行

重交通车流，是指较大交通流量的交通流（干道或主干道上的交通流）。重交通车流通过交叉口应给予优先权。其方法是在轻交通流方向（支路）上设置减速让行或停车让行标志，或是延长在重交通车流方向上的绿灯时间。对公共交通也采用类似的优先控制的方法。

4. 设立合理的交通信号控制

在使用固定周期信号控制的交叉口处，应对各方向的交通流量做调查，应对实际的交通流量的变化，根据流量大小计算最佳周期和绿信比，以提高绿灯利用率，减少车辆在交叉口的延误。

5. 分离冲突点和减小冲突区

交叉口上的交通流是复杂的，各种车辆在合流和分流的过程中所产生的车辆交叉运动，有的路径很接近甚至重叠，还有的偏差过大，导致交叉口上冲突点增多和冲突区扩大。运用分离冲突点和减小冲突区的原则能收到较好的效果，如按各向车辆行驶轨迹设置交通岛、诱导线，规划车辆在交叉口内的行驶路线；左转弯时，规定机动车小迂回，而非机动车大迂回；画上自行车左转弯标志线（有条件时设置隔离墩），防止自行车因急拐弯而加大冲突区；在路口某些部分画上禁止进入的标线，限制车辆通行区域；或在交叉口上设置左、右转弯诱导线等，这些都是分离冲突点和减小冲突区的有效方法。

此外，还应注意对不同的交通流进行分离，对机动车和非机动车画出各行其道的车道线，在人行横道较长的道路（超过 15 m）中央设置安全岛等。

二、平面交叉口的交通渠化与放行方法

由于交通流在交叉口的交错容易导致交通秩序混乱，发生交通拥堵和交通事故，所以在临近交叉口前的路段上组织好交通流尤为重要，通过用导流车道、交通岛等交通渠化手段，使交叉口获得安全而有秩序的交通效果。不同交叉口的放行方法都是以分离冲突或改变冲突性质为原则。

交叉口交通渠化与放行方法，都是交叉口交通管理和控制的重要内容，对交叉口的通行能力和安全有重大影响。交通渠化要根据放行方法来具体实施，同时放行方法也只有配合科学合理的交通渠化才能发挥作用，两者互相影响，互相关联，互相作用。

（一）交叉口的交通渠化

1. 交通渠化的概念

交通渠化是指利用路面标线、标志、交通岛、导流或隔离带等多种措施对同一平面上行驶的各个方向的交通流予以分离，使各种不同类型、不同方向、不同速度的交通流各行其道，减少相互干扰的交通管理方法。交通渠化目的是提高通行能力，减少交通冲突，方便交通出行，有利于交通安全。交通渠化的重点在于交叉口。

2. 交叉口渠化的作用

①分隔道路上不同类型的交通流。交叉口渠化可以将道路上不同类型的交通流分隔，减少同向车辆在行驶过程中的相互干扰，使交叉口各种车辆能按各自规定的车道行驶，从而提高行车速度和交叉口通行能力，同时保障交通安全。

②控制车流交叉角度。相交车流以大于 120°角相会时，通常会发生类似正面碰撞的严重事故。通过交通岛的合理渠化设置，可以控制车流交叉角度，将斜交对冲车流变为直角

交叉车流。这样既能提高交叉与合流的舒适性，又能提高交叉口的安全性；不但可以缩短交叉时间和交叉距离，而且便于交叉穿行速度的判断，减少发生事故的可能性。

③导流和导向。交通渠化具有导流和导向的作用，可以明确车辆的行驶路线，使在交叉口任何一点穿越都不多于两种行驶路线；利用交通岛的布置，可以防止车辆在交叉口转错车道。

④减小交叉范围。交通渠化可以减少交叉口面积，从而减少车辆行驶路线的不确定性，在限制交通流的同时缩小车辆与车辆和车辆与行人在交叉口的冲突区域，增加交叉口的安全性。

⑤保护过街行人。交通岛可以用作行人过街的安全岛，为在一个行人过街相位中未能及时通过交叉口的行人提供一个休息和躲避车流的场所。

3. 交叉口渠化设计原则

①符合规范，简单明确，易于理解。交叉口渠化设计应符合国家相关标准和规范的规定，不能随意变更或改动。同时，设计后交叉口形状应力求简单明了，避免过于复杂的方案，便于各类交通参与者正确选择自己的交通路线和时间。

②路线平顺，保证安全。交叉口渠化设计应尽可能使交通路线平顺，可以最短时间或最短的路程通过。切忌迂回、逆向、急转或者有可能引发碰撞的尖锐角度。同时，各种交通流即不同流向、不同车种、不同速度的交通流应尽可能实现分道行驶，以减少相互干扰或碰撞，保证安全。

③保证视距，净化视野。交叉口渠化设计应充分保证各方向各车道车辆和行人的视距，并净化机动车驾驶人的视野。交叉口附近的所有绿化栽植和街道上的市政公用设施均应以不阻挡视线、不妨碍视线为原则，凡妨碍视线的建筑或绿化均应拆除或砍伐以确保行车的视距要求。

4. 交叉口渠化设计方法

渠化设计的方法应该根据交通工程原理和汽车行驶性能予以认真考虑，一般应注意以下几点。

①增加进出口车道数，提高交叉口通行能力。交叉口应通过拓宽进口道、适当压缩车道宽度（同时应保证最大外形尺寸的车辆能顺利地实现转弯运行，不受阻碍亦不致过分降低车速）、偏移道路中心标线等措施增加交叉口进出口车道数，以达到提高交叉口通行能力的最大目标。

②保护转弯车流。在不同方向交通流之间设置分隔带以防止可能的车流冲突并保护转弯车辆和横向行驶车辆。对大量的转弯车流应优先考虑，提供方便。右转弯车辆比例较大的交叉口，如有可能应设置右转弯车道，通常设置右转弯车道的方法是拓宽进口。

③适当缩小交叉口面积。因为交叉口面积过大，车辆的行驶轨迹则变宽，行人穿越交叉口要绕大弯。因此，在不妨碍左右转弯车辆行驶时，应该使停车线和人行横道与交叉口尽可能接近。

④减少交叉口的分岔数目。由于交叉口交错点的数目随交叉口岔数的增加呈几何增长，不同类型的交错点都存在挤撞和碰撞的危险，这是影响交叉口行车速度和发生交通事故的主要原因，因此在交叉口的设计中应尽量设法减少交叉口的分岔数目。

⑤优先保证主要交通流的畅通，在次路设置停车让行标志或者减速让行标志，使次路车辆停车或者减速，以保证主路车辆优先通行；转弯箭头、车道线、停止线等标志、标线都应保持清楚明确，模糊时应及时更新。

上述原则和方法应该根据交叉口的交通特性、环境等实际情况综合考虑，灵活应用。最根本的原则和方法是符合人的习惯和车辆的运动特性，保证交叉口行车和行人的安全顺畅。

5. 进口道、出口道宽度

（1）进口道的宽度

交叉口进口道车道数的确定，应以保证进口道与路段通行能力相匹配为目标，同时考虑进口道宽度约束。在确定进口道的宽度及车道数时应遵循以下原则：

①新建交叉口进口道宽度，应根据各流向预测的流量来决定。

②改建交叉口进口道宽度，应根据各交通流向的实测或预测流量决定。

③治理交叉口进口道宽度，应根据各交通流向的实测流量及可实施的治理条件来决定。

进口道每条车道的宽度可较路段上略窄，进口道在大车比例很小时最小可取 2.75 m 宽；出口道由于车速较进口道高，其宽度应较进口道宽，具体尺寸根据实际道路条件确定。

（2）出口道的宽度及长度

①新建及改建交叉口的出口道车道数应与上游各进口道同一信号相位流入的最大进口车道数相匹配，出口道每一车道宽不应小于 3.5 m；治理性交叉口，条件受限制时，出口车道数可比上游进口道的直行车道数少一条，治理性交叉口出口道每一车道的宽度不应小于 3.25 m。

②当出口道为干路，相邻进口道有右转专用车道时，出口道必须设置展宽段。

③当出口道设有公交停靠站时，按港湾停靠站要求设置展宽段；在设置展宽的出口道上设置公交停靠站时，应利用展宽段的延伸段设置港湾式公交停靠站。

④出口道的总长度由出口道展宽段和展宽渐变段组成。出口道展宽段长度由缘石转弯

曲线的端点向下游方向计算，不设公交停靠站时，长度为 60~80 m；设置停靠站时，再加上公交停靠站所需长度，并须满足视距三角形的要求。

6. 诱导线、交通岛的设计

（1）诱导线

左转交通对交通的流畅和安全有很大的影响，特别是与对向直行车辆之间的冲突。因此，为了明确交叉口内左转车辆的行驶和等待位置，以及交通流在交叉口内曲线行驶的方向，宜采用诱导线来诱导车辆。

设置的诱导线过多将会引起交叉口内的混乱，因此设置的诱导线应控制在最少数量。同时，诱导线通常设置在交通流易发生弯曲形成不规则行驶轨迹，或跨越其他交通流的地方，与其他路面标线相比，容易磨损，因此要特别注意维护管理和及时更新。

（2）交通岛

交通岛是指为了控制车辆行驶方向和保障行人安全，在车道之间设置的高出路面的岛状设施。交通岛按其功用及部署位置，可以分为导流岛、中心岛、安全岛等。

①导流岛，又称分流岛、安全岛。是指为把车流导向指定的行进路线而设置的交通岛。导流岛的建成，使所有右拐弯车辆不必再受红灯的控制，可以直接右拐弯，同时又对行人和非机动车提供了安全保障。

导流岛对渠化交通起到很大的作用，复杂的（形状不规则、交叉角小等）交叉口往往只要用几个简单的导流岛就能有效地减少车流的冲突，改善交叉口的行车安全与通畅，提高通行能力。导流岛能限制行车方向，促使斜交对冲的车流变成直角交叉；也能限制车道宽度，控制车速，防止超车，减少交通事故。

②中心岛，是指设置在平面交叉口中央的圆形或椭圆形的交通岛，从而使交叉口形成环形交叉。其功能是对进入交叉口的机动车起引导作用。根据交叉口的占地面积大小，中心岛的形状和大小、交通组织原则等因素的不同，可将环形交叉口分成三种基本形式。

A. 普通（常规）环形交叉口。具有单向环形车道，其中包括交织路段，中心岛直径大于 25 m。

B. 小型环形交叉口。具有单向环形车道，中心岛直径为 4~25 m。

C. 微型环形交叉口。具有单向环形车道，中心岛直径小于 4 m。

交通环岛是中心岛的一种。它是指在十字路口和较大交通干线交汇处，为便于疏导车辆，解决因交叉行驶而造成的车辆拥挤、长时间等候等问题，在几条相交道路的平面交叉口中央设置一个半径较大的中心岛。

交通环岛的主要功能是：两条或几条交叉道路汇集到交通环岛时，所有经过交叉口的直行和左转车辆都绕着中心岛做逆时针方向行驶，在其行驶过程中将车流的冲突点变为交织点，从而避免了进入交叉口的机动车直接交叉、冲突和大角度碰撞，保证交叉口内车辆的行车安全。此外，这种自行调节的交通渠化交通形式，使进入交叉口的车辆可连续运行，平均延误时间短，节约用油，减少了污染。

③安全岛，是指一种安装在斑马线上的安全装置。安全岛与斑马线长度相当，两端还各竖有一根反光警示桩，夜间在车灯的照耀下会发出亮光，以提醒司机注意避让。设立安全岛是为了让人们养成二次过街的习惯，即在第一次绿灯时间，先到达道路中央的行人安全岛，第二次绿灯亮起再走完剩下的路程。这种安全设施大大增加了行人过马路的安全性，尤其保护了老人、小孩和残疾人的利益。

（3）交通岛的设计注意事项

①交通岛设在行车轨迹最少通过的位置既可以确保合理的行车轨迹，又可以减少交叉口多余面积，减少冲突区域。

②交通岛的设置应该使行车自然方便，一般建议使用比较集中的大岛而不提倡使用混乱分散的小岛。各种交通岛的面积不宜太小，一般不应该小于 7 m^2。

③交通岛的形状和位置应配合交通组织和交通管理，给出正确的指示使车辆按正确的路线行驶。

7. 人行横道的设计

人行横道线表示准许行人横穿行车道的标线，其颜色为白色。人行横道线的设置，应根据行人横穿道路的实际需要确定，一般应选择行人交通会合处设置，设置方向应与道路垂直。人行横道的最小宽度为 3 m，可以根据行人的流量以 1 m 为一级加宽。

在交叉口处，一般宜在弯道以外即直线部分设置，使行人通过距离最短。信号控制交叉口人行横道位置须与信号灯位置配合，一般设置在停车线前且相距不小于 1.5 m。人行横道过长时应考虑在道路中央设安全岛或中央分车带。

8. 交叉口自行车交通管理原则与渠化

自行车交通是我国交通的一大特点，自行车占有很大的比例，因此自行车的交通管理和组织对保障交通系统畅通、安全具有重要的意义。

（1）自行车在交叉口的交通管理应遵循的原则

①自行车交通应与机动车交通进行空间或时间分离。

②如无条件进行分离，也必须给出适当的空间让自行车与机动车分道行驶。

③应尽量使自行车处于危险状态的时间减到最短。

④如果空间允许，自行车暂停的地方应提供实物隔离措施。

⑤为了简化机动车驾驶人在交叉口的观察、思考、判断及采取措施的复杂过程，自行车交通与机动车交通的冲突点应尽可能远离机动车交通之间的冲突点。

⑥当自行车与机动车在交叉口等待交通灯或通过交叉口时，应保证互相能够看清楚。特别是当自行车通过交叉口时，应尽可能使机动车驾驶人掌握自行车的行驶路线与方向。

⑦当自行车进入交叉口等待交通灯放行时，应尽可能提供一个安全的停车位置。

（2）交叉口自行车道渠化

根据自行车交通在交叉口的交通管理原则，可以通过以下渠化方法更好地组织自行车通过交叉口。

①右转弯专用车道。利用现有的路面开辟专门用于右转弯的自行车车道。其优点是可以缓和交叉口的交通拥挤，有利于交通安全。右转弯专用车道要求交叉口较宽，右转自行车流量大，且骑车人严格遵守各行其道的原则。

②左转弯专用车道。国外常用此法处理自行车在交叉口的左转弯问题。日本使用彩色（绿色或蓝色）路面标示自行车左转弯专用车道。这种方法通过限制左转弯自行车流，减少左转弯自行车流对直行机动车流的干扰。然而此举会增加自行车的运行路程，使骑车人感到很不习惯，只适用于左转弯自行车流较小，且无须对自行车加强交通管理的交叉口。

③左转弯候车区。在交叉口自行车进口道的前面，设置左转自行车的候车区，绿灯时左转自行车随直行自行车运行至对面的左转候车区内，待另一方向的绿灯亮时再前进，即变左转弯为两次直行。左转弯候车区的优点是可以通过消除左转自行车对机动车的干扰，提高机动车通过交叉口的运行速度及通行能力，能通过减少左转自行车与直行机动车流的冲突点，提高交叉口的交通安全；其缺点与自行车左转弯专用车道的缺点基本相同。

④停车线提前。根据自行车起动快的特点，将交叉口自行车停车线画在机动车停车线的前面，当绿灯亮时，让自行车先进入交叉口，可避免同机动车相互拥挤。两条停车线之间的距离依自行车和机动车交通量大小及交叉口的几何尺寸而定。将停车线提前有利于提高交叉口的通行能力与交通安全，但是只有对骑车人加强管理与教育，使自行车做到合理停车，才能发挥此法的作用。

⑤自行车横道。在主干道上画自行车横道线，提示驾驶人注意横向自行车。如同人行横道一样，在自行车横道内，自行车是优先的。机动车遇到自行车横道要减速行驶，当横道内有自行车时应暂停，让自行车先行通过。自行车横道适用于支路（包括胡同、里弄等）与主路或次路的平面交叉处，还适用于一些大建筑物出入口与主路的交叉处。

（二）交叉口的放行方法

交叉口放行方法的确定，就是要选择交叉口机动车放行方法与非机动车放行方法的组合。综合考虑机动车、非机动车、行人通过交叉口时的通行权、先行权、占用权要求，交叉口的放行方法有以下四种：时间分离法、空间分离法、时空分离法和综合放行法。选取哪种放行方法，关键要看通过交叉口的交通流量中自行车比例的大小。特别是一个城市中最好只选择一种放行方法，最多不宜超过两种。

在设计交叉口放行时，需要协调交叉口交通标线与交通信号。交通标线标示机动车、非机动车以及行人通过交叉口时应该行驶（走）或等待的空间，交通信号则指示机动车、非机动车以及行人通过交叉口的时间。特别是对于左转弯的机动车和非机动车，有可能会遇到二次停车等信号灯的问题，因此标线要清晰准确地标示机动车和非机动车可停的空间范围。

1. 时间分离法

时间分离法实质上是在信号周期时间内拿出一个专有相位放行行人和自行车。在此相位中，机动车信号灯为全红灯，自行车和行人信号灯为全绿灯，行人和自行车可以从不同方向上迅速通过路口。在其他相位中，只准机动车进入交叉口，行人和自行车则严禁进入交叉口。

此放行方法适用于行人流量大、机动车流量适中、自行车流量小的交叉口。因为如果自行车流量大，自行车相位时各方向自行车同时进入交叉口，容易引发交叉口内秩序混乱，导致部分行人与机动车不能一次通过交叉口，影响下一相位的机动车通过交叉口。而且如果交叉口太大，对角线上行人过街时间超过 30 秒，会大大减少机动车通过的有效绿灯时间，降低通行能力。

实施该放行方法的关键是优化信号配时。专门划出一个行人和机动车相位，必然会增大信号周期，从而降低机动车通过效率，所以在保证足够的行人绿灯时间的基础上，必须对信号配时进行优化，最大限度地利用绿灯资源。

2. 空间分离法

空间分离法实质上是让非机动车按机动车相位走，不设单独的非机动车信号灯，只设机动车信号灯和行人信号灯。

空间分离法要求交叉口面积较大。因左转机动车和非机动车同时放行，需要足够的交叉口面积，以避免机-非之间的干扰。此外，还需要注意多相位信号配时，引导左转自行车通过交叉口的渠化设计。管理的重点是教育行人、非机动车严格做到看信号灯走，不在交叉口中间停留。由于交叉口内各信号相位放行的不同交通流流向相同，且又没有在交叉口中间等候放行的非机动车，符合其心理特点，故通行阻力小，交叉口内秩序好；又由于充分利用了每个信号相位中的交叉口空闲面积，故通行能力高；同时，可节省警力。

3. 时空分离法

时空分离法实质是为了减少左转弯非机动车对直行机动车流通过交叉口的影响，在交叉口中间划定一块面积为非机动车禁驶区，左转非机动车在区外二次停车待驶，让直行机动车先行通过。换言之，是通过加长左转非机动车的行驶距离来迟滞左转非机动车到达冲突点的时间，以利于直行机动车优先通过交叉口。

时空分离法又称左转自行车二次过街法，这种放行方法对交叉口的交通管理设施有着较高的要求，特别是机-非隔离护栏和信号配时。机-非隔离护栏可保证机-非分离，消除混合交通流之间的冲突，降低放行管理的难度；优化信号配时则要求机-非控制信号协调，给自行车留有足够的放行时间，使交叉口能够完全清空，不致因自行车流影响机动车的通行。

4. 综合放行法

以上几种放行方法，对交叉口线型、几何形状、面积大小、信号相位设置均提出具体要求，但在实际道路条件中，很少有非常标准、规范的交叉口符合具体的应用条件。因此，可以把这几种放行方法综合运用，形成一种新的放行规则。

对于行人流量特大的交叉口，也可以按时间分离法加空间分离法的方式放行。即机动车与非机动车按空间分离法放行；在空间分离法信号相位中，专门设置一两个行人专用相位，用于行人通过交叉口。这种方式多用于机动车流量不大且行人秩序乱的交叉口。

此外，在常规两相位信号放行的交叉口，要特别考虑左转弯机动车的放行方法。因为，绿灯时直行和左转的机动车都有通行权，但左转车没有先行权，需要给对向直行车让行，左转机动车应该明确停在交叉口哪块区域内等候放行，才不会影响直行车辆正常行驶。但是我国大多数交叉口内缺少渠化，因此有必要进行交叉口内左转弯待转区渠化，来明确左转弯机动车在通过交叉口停止线后的交叉口内空间占用权，使左转弯机动车在交叉口内完成二次停车，减少左转车对直行车通过交叉口时的影响。设置机动车左转弯待转区，当同向的直行车辆绿灯放行时，左转车辆也可同时起步前行，约行至交叉口的中心位置时停驶待转。

待转区设在交叉口中央，主要是为了保证快速完成左转弯。正确的行驶方式应是，当同向直行、左转灯显示为红灯时，所有左转车辆应停在待转区外，直到直行灯显绿时，左转车才能上前等待左转绿灯亮起。左转弯待转区是用交叉口空闲面积来换取机动车通过交叉口的绿灯时间，对提高交叉口通行能力很有帮助。特别是在高架立交桥下，可施划多条左转弯待转区，这种作用就更明显。

同时，在多相位信号控制的交叉口，也可以考虑设置左转弯等待区。设置了专向左转相位的多相位信号控制，由于交叉口内不存在左转车让行问题，故一般可不设置机动车左转弯待转区。如果在多相位信号控制时需要提高交叉口通行能力，也可以在多相位信号控制的较大交叉口设置左转弯等待区，在具体设置时注意左转等待区的弧度，一般应保证左转车辆的平顺通行。按此种方式放行时，必须注意以下两个问题：第一，放行的相序一定得是先放直行后放左转，先放左转则左转弯待转区没意义；第二，在左转弯待转区正对的交叉口出口方向，一定要设置左转弯信号灯，避免左转车辆提前进入交叉口后看不见自己流向的信号灯。

三、路段的交通管理控制与组织优化方法

（一）行车道交通管理

行车道交通管理是交通系统管理中线路交通管理的最基本、最简单形式，行车道交通管理包括单向交通管理、变向交通管理、专用车道管理和禁行交通管理四种形式。前面已经对禁行交通管理进行了介绍，下面依次介绍其他的管理形式。

1. 单向交通管理

单向交通或称单行线，是指道路上的车辆在一定的时段内只能按一个方向行驶。国内外的实践均表明：单向交通有利于提高通行能力和行车速度，降低交通事故。

当道路上的交通量超出其自身的通行能力时，将造成交通拥堵、延误及交通事故增多等问题。此时，在道路交通系统中，若对某条道路或几条道路，甚至对某些路面较宽的巷、里弄，考虑组织单向交通，则将会使上述交通问题明显得到缓解和改善。故单向交通是在道路交通系统中，解决交通拥挤，充分利用现有道路网容量的一种经济、有效的交通管制措施。

应该指出，在旧城区街道狭窄、路网密度很大的地方，需要且有可能在一些街道上组织单向交通。它需要，是因为这些街道车行道狭窄；它可能，是由于道路网密度大，便于划出一组对向通行的平行道路。

（1）单向交通的种类

①固定式单向交通。对道路上的车辆在全部时间内都实行单向交通称固定式单向交通。常用于一般辅助性的道路上，如立体交叉桥上的匝道交通多是固定式单向交通。

②定时式单向交通。对道路上的车辆在部分时间内实行单向交通称定时式单向交通。

③可逆性单向交通。可逆性单向交通是指道路上的车辆在一部分时间内按一个方向行驶，而在另一部分时间内按相反方向行驶的交通。

④车种性单向交通。车种性单向交通是指仅对某一类型的车辆实行单向交通的交通组织。这种单向交通常应用于具有明显的方向性及对社会秩序、人民生活影响不大的车种，如货车。实行这类单向交通的同时，仍可对公共汽车和自行车维持双向通行，目的是充分利用现有道路的通行能力。

⑤混合型单向交通。在实际交通管理中，根据道路以及车流特点，一条道路上可以同

时实行几种形式的单向交通，如一条南北走向的城市道路上，上午 7：00—9：00 只允许社会车辆由南向北单向通行，公交车辆双向通行，大型货车禁止通行；晚上 5：00—7：00 只允许社会车辆由北向南单向通行，公交车辆双向通行，大型货车禁止通行；其他时间社会车辆双向和公交车辆双向通行，货车由南向北单行。上述通行方式包括了定时式、车种性、可逆性三种单行方式，是一种混合型单向交通方式。

（2）单向交通的优缺点

①优点。单向交通在路段上减少了与对向行车的可能冲突，在交叉口上大量减少了冲突点。

②缺点。单向交通也存在以下缺点：

A. 增加了车辆绕道行驶的距离和时间，给驾驶人增加了工作量。

B. 由于车辆绕行，增加了路网上无效的交通量。

C. 给公共车辆乘客带来不便，增加步行距离。

2. 变向交通管理

变向交通（或称潮汐交通）是指在不同的时段内，变换某些车道上行车的方向性或种类性的交通。变向交通按其作用可以分为方向性变向交通和非方向性变向交通。

方向性变向交通指在不同时间内，变换某些车道上行车方向的交通。方向性变向交通可以使车流量方向性分布不均匀现象得以缓解，从而提高道路的利用率。适用于车流方向在不同时段分布不均匀的情况，如早高峰时一条道路上所有车道均为城市外围进入中心区方向通行，晚高峰时所有车道为中心区向城市外围方向通行。

非方向性变向交通指在不同时间内，变换某些车道上行车种类的交通。非方向性变向交通对缓解各种不同类型的交通在时间分布上的不均匀性矛盾有较好的效果。它可分为车辆与行人、机动车与非机动车之间相互变换使用的变向车道。例如，在早晨自行车高峰时间，变换机动车外侧车道为自行车道；到了机动车高峰时间，则变换非机动车道为机动车道。另外，在中心商业区变换车行道为人行道及设置定时步行街等，这些都是非方向性的变向交通。

变向交通的缺点是增加了交通管制的工作量和相应的设施，且要求驾驶人有较好的素质，集中注意力，特别是在过渡地段。

3. 专用车道管理

规划设计专用车道是缓解城市交通问题的途径之一，主要包括公共交通车辆专用车道和自行车专用车道。

（1）公共交通车辆专用车道

公共交通车辆是指公共汽车、电车、轻轨、地铁及城市铁路列车等。此外，出租车也属于公共交通车辆。公共交通车辆载客量大，人均占用道路面积小，且可有效地利用道路，故可采用公共交通车辆专用车道来提高公共车辆的服务水平，吸引公众，达到减少小汽车交通量的目的，使整个城市的交通服务质量得到改善，带来较大的社会经济效益。例如，开辟公交专用车道、公交专用街，投资发展轻轨和地铁等。

公交专用车道的开辟，可在双向六车道及其以上道路上划出一条车道，用路面标示或交通岛同其他车道分隔，专供公交车辆通行，这可避免公交车辆同其他车辆的相互干扰。再有，在单向交通的多车道街道上，若车道有余时，可划出一条靠边车道，专供对向公交车辆行驶，称逆向公交专用车道，即在单向交通街道上，只允许公交车辆双向通行。

公交专用街是只允许公交车辆和行人通行的街道。对于较宽的街道上也可允许自行车通行。城市的中心商业区或只有两条车道而又必须行驶公交车辆的窄街道，特别适宜划为公交专用街。通过设置公交专用车道和公交专用街可以提高公交车辆的运行效率和服务质量，达到减少城市交通总量的目的，改善整个城市的交通服务质量。

（2）自行车专用道

根据自行车交通早高峰流量最大的特点，将自行车和公共车流量大的路线、路段开辟成自行车和公共汽车专用线路段，定时将自行车与公共汽车及其他车辆分开，还可以开辟某些街巷作为自行车专用道。

（二）车辆掉头组织优化

1. 路段隔离引发的路口掉头问题

车辆掉头问题的提出，主要是由于路段隔离引起的。非饱和交通条件下，这不是什么问题，只要注意掉头安全就行了。但是在饱和交通条件下，由于掉头车辆借助路口左转车道掉头，一来占用左转车道，降低了路口的通行能力；二来增加了路口的无效流量，使路口拥堵情况进一步恶化。同时，隔离护栏越长，掉头间距就越大，使本来不堵的路口，也变成了拥堵路口。这是由于掉头与隔离不匹配引发的交通拥堵问题，纯粹是人为造成的拥堵。

这个问题的解决思路如下：

①路段引发的问题应在路段上解决，不应压到路口，"宜疏不宜堵，宜散不宜聚"。

②缩短中心隔离的长度，可以分散掉头压力，能缓解路口的拥堵。

③断开中心隔离带，并由此设置掉头车道，将掉头流量分成两截，减轻了单一掉头车道的交通压力，缓解交通拥堵。

2. 路段掉头组织

对于隔离路段，一般路口内侧左转导向车道设置准许掉头标志，辅标为"左转灯亮和红灯时"。由于掉头标志有准许掉头和禁止掉头两种，在使用中容易引起误解，因此，提倡仅使用准许掉头标志，并用辅助标志说明其准许掉头的条件。对于未设准许掉头标志的路口、地点，法规准许掉头。对于禁止掉头的路口路段，一定要设置禁止掉头标志，用辅助标志说明禁掉时间和路段长度。路口和路段准许掉头或禁止掉头，除设置标志外，还应配上相应的标线，在路段准许掉头处中心线应改为虚线，禁止掉头处中心线应为黄实线。

在路口路段准许掉头处，除完善必要的标志、标线外，如有条件应设置相应的掉头信号。特别是在路段掉头处，如果中心隔离带过窄，小于掉头半径（小型车为 6.5 m，即须跨两条行车道），则一定要设掉头让行标志、标线或掉头信号，以明确掉头车辆无先行权，必须给正常行驶的车辆让行。掉头信号要受路口信号灯控制，给出允许路段掉头的时间后，路段掉头信号才能显示绿灯，以避免和对向直行车辆发生冲突。

经过道路中心隔离后经常发生拥堵的路口，不仅可以考虑利用路段掉头的方法来缓解路口的拥堵，还可以考虑利用路口掉头来缓解拥堵。在路口一个信号周期中，总有一两个相位时路口各方向的出口轮流出现空闲，这就意味着出现空闲的出口下游路段将出现机动车流断流。利用这个路段机动车断流时间，可以安排路段上的行人过街和机动车掉头。这就要求路口路段的信号要协调控制。换言之，也就是用一台多相位信号机同时控制路口和路段上所有的信号灯，包括路口流向箭头信号灯、非机动车和行人信号灯和路段车辆掉头信号灯。如有路网信号协调控制系统时，也可以把路段行人过街、车辆掉头等信号灯当成一个多相位信号控制路口，纳入系统协调控制。

对于路段掉头的信号控制，有在人行横道上游掉头和在人行横道下游掉头两种方式，在使用中各不相同。

（1）人行横道上游掉头

路段人行横道的位置一般离路口不会太近，多在 150 m 以外，有时在两个路口的中间。因此，人行横道上游掉头的服务范围仅是路口间距的一半。换言之，人行横道上游掉头的方式仅是为人行横道上游路段出车左转服务，人行横道下游出车，仍须到路口掉头。

人行横道上游掉头的方式有个好处是掉头车辆不必经过人行横道，与行人过街无交叉冲突，信号协调比较简单。不利之处在于服务范围小，对上游路口的压力缓解作用有限，适宜用在人行横道上游出车相对集中的路段上。

（2）人行横道下游掉头

如果路口交通压力较大，也可以采取人行横道下游掉头的方式。人行横道下游的掉头口可以开在导向车道线附近，视对向左转车流排队长度而定。

人行横道下游掉头的方式，服务范围超过路口间距的 2/3，能较好地缓解路口的交通压力。不足之处在于人行横道上游发生的掉头车辆须两次经过人行横道，加大了人行横道处的交通压力，与行人过街存在两次交叉冲突。宜用在路口交通压力较大且人行横道下游出车相对集中的路段上。

综上所述，掉头组织可以缓解或转移交通堵点的压力，实质上是一种减压分流的方式。为此，我们可以在阻塞点附近寻找适合减压分流的地点，通过车辆掉头组织把阻塞点的交通压力分流过去，即可缓解阻塞点的拥堵状况。

第三节　智能交通系统

一、智能交通系统的概念

随着交通的不断发展和汽车化进程的加快，交通拥挤加剧、交通事故频发、交通环境恶化已经成为引人注目的城市问题之一。交通问题不仅在发展中国家，就是在发达国家也是一个令人困扰的严重问题。众所周知，缓解交通拥挤最直接和最有效的办法是提高路网的通行能力。但是无论哪个国家的大城市，都不可能无限制地修建道路，无论是资金因素还是土地因素，都限制了道路的无节制增长，因此，不可能通过无限制地修建道路来满足日益增长的交通需求。与此同时，通过限制车辆增加来削减交通需求，也因受到客观因素的制约而无法取得满意的结果。事实上，由于交通系统是一个相当复杂的大系统，无论单独从车辆方面考虑还是从道路方面考虑，都很难从根本上解决目前的交通问题。此外，由于交通对能源的消耗和对城市环境的污染问题日益为人们所关注，其严重性也为人们所认识。在这种背景下，从系统的观点出发，把车辆和道路综合起来考虑，运用各种高新技术系统解决道路交通问题的思想就应运而生了，这就是智能交通运输系统（Intelligent Transportation System，ITS）。

ITS 是由一系列广泛用于运输网络的先进技术以及为出行者所提供的服务所组成，又称运输通信。ITS 技术基于信息、通信和集成三大要素，其核心技术是信息的采集、处理、融合及服务。无论是提供交通网络的实时交通信息，还是为制订出行计划提供在线信息，ITS 技术都能使管理者、运营者和个体出行者得到高质量的出行信息，相互间更加协调，做出更为智能的交通决策。

我国有关专家给出的定义是：智能运输系统是综合运用先进的信息通信、网络、自动控制、交通工程等技术，改善交通运输系统的运行情况，提高交通效率和安全性，减少交通事故，降低环境污染，从而建立起一个智能化的，安全、便捷、高效、舒适、环保的综合交通运输体系。

作为一种采用先进计算机、通信等信息技术综合管理交通的新领域，智能交通系统从20世纪90年代起便得到了世界范围内的公认。作为一个跨学科、信息化和系统化的综合研究体系，它是将先进的人工智能技术、自动控制技术、计算机技术、信息与通信技术及电子传感器技术等有机结合起来，并应用于整个地面交通管理系统而建立的一种大范围、全方位发挥作用的实时、准确、高效的综合交通运输管理系统。

智能运输系统是现代电子信息技术发展的产物，是国际经济竞争日益加剧的需要，也是普通民众要求改变交通现状的迫切愿望。值得注意的是，智能运输系统是一个庞大的系统工程，并不是交通一个行业所能实现的。其涉及领域非常广泛，包括通信、计算机、自动化和现代交通控制技术等，同时它还涉及社会组织机构、资源配置和法律等多方面的问题，需要政府、企业、大学等科研机构的密切配合。

二、智能交通系统的目标

智能交通系统是现代信息技术的产物，它应当适应未来社会需要的交通运输体系和满足人们对高质量生活的需求。建立智能交通系统的目标归结起来主要有以下几点。

（一）建立高度信息化的交通系统

将先进的信息技术、数据通信技术、自动控制技术以及计算机处理技术有效地结合起来，从而建立起立体化的、全方位的公路交通运输体系。在这里交通信息将实行最大限度地共享，为各个层次的使用者所获得。比如，有关道路的交通信息可以通过控制管理中心传输到各个用户（包括警察部门、城市居民、医院等），出行者可以根据实时交通信息选择交通方式和路径，而交通指挥管理部门应用先进的手段处理接收到的交通信息，掌握道路上交通运行情况，并进行合理调度，使路网上的交通流处于最佳状态。

（二）建立高效率的交通运输体系

交通运输效率对于一个国家的经济发展具有十分重要的意义。智能运输系统可以非常有效地提高交通流运行的通畅性，促进运输车辆的合理调度，提高车辆行驶效率，从而促进全社会交通运输业经济效益的提高。

（三）提高公路交通的安全性

智能运输系统可以为驾驶人提供详细而准确的交通信息，提高各种安全控制系统功能的发挥，减少车辆碰撞机会。

（四）减少拥堵和行车延误

因供需矛盾导致的交通拥堵是全世界面临的共同问题，而由于土地利用的限制，这些问题已经不能仅靠修建公路来解决。智能运输系统能够借助于计算机信息处理系统对各种交通状况下的车辆进行合理调度与疏导，提高道路交通的效率，以此减少交通拥堵。出行者随时随地可以获得各种交通信息，合理选择行车线路，极大地减少出行的盲目性，从而减少了行车延误。

（五）降低交通运输对环境的影响

环境问题已经成为一个全球化的问题，为世界各国所关注。交通对环境的影响十分大，这种情况不仅存在于发达国家中，在发展中国家也同样非常突出。采用智能交通系统，可以减少交通阻塞和延误，同时也可以间接地降低能源消耗，减少废物的排放，使交通运输对环境的影响得到明显的降低。

所以，ITS 是通过信息通信技术，将人、车、路联系起来，通过提高道路使用率及减轻出行者负担来达到"保障安全、提高效率、改善环境、节约能源"的目标。ITS 既不是传统的交通运输工程，也不是信息技术的简单叠加，而是"智能系统"与"交通运输系统"的结合，是运用信息技术改善道路交通运输的复杂系统工程，形成准时、高效的综合运输系统，实现车辆自动化与公路自动化是 ITS 的最终目标。

当前我国城市和城市交通的发展处于挑战和机遇并存的关键历史阶段。一方面，随着城镇化、机动化的持续快速发展，城市交通拥堵加剧、事故频发，面临着严峻的挑战；另一方面，智能交通系统的规划、建设，归根到底是服务于交通发展的总体目标，提高设施系统的使用效率和服务水平。

无论是实施交通需求管理，还是制订交通规划及提高已有交通基础设施的使用效率，ITS 都扮演着一个不可或缺的重要角色。ITS 的目的是使交通规划更科学，设施更有效，管理更智能，行为更规范。同时，ITS 系统还应当提高现有交通基础设施的运行效率和交通供给能力；在交通需求方向，通过交通信息服务、交通拥堵收费等系统，可以改善交通需求的时空分布特性，"削峰填谷"，使交通需求与交通供给的矛盾得到缓解。

三、智能交通系统的功能及构成

（一）智能交通系统的功能及体系框架

智能交通系统的主要功能体现在智能化地收集交通信息及其他各类相关信息加以分析

处理，并将得到的信息反馈给系统的操作者或驾驶人。借助于这样的交通信息，系统操作者和车辆驾驶人能迅速做出反应，采取适当的行动，使交通状况得到进一步改善。

1. 智能交通系统的功能

智能交通系统的主要功能可以概括为以下几个方面。

①向交通管理部门提供道路交通流及其运行状况的信息，并提供根据交通流情况进行实时疏导、控制和突发事件应急反应功能。

②向交通运输部门提供道路和交通信息，以及车辆定位、跟踪、通信、调度和不停车自动收费功能。

③向交通出行者提供道路条件、交通状况、交通服务的实时信息以及车辆定位导航功能。

④向车辆提供道路障碍物自动识别、自动报警、自动转向、自动制动、自动保持安全车距、车速和巡航控制功能。

2. 智能交通系统的体系框架

智能交通系统（ITS）的体系框架是指系统所包含的子系统，各个子系统为实现用户服务功能、满足用户需求所应具备的功能，以及各个子系统之间的相互关系和集成方式。

根据定义，ITS 体系结构决定了系统如何构成，确定了功能模块以及模块之间的通信协议和接口，它的设计必须包含实现用户服务功能的全部子系统的设计。

ITS 作为一个体系具有如下的特点：本身比较复杂，涉及面广，需要一个指导性的框架（或模型），来帮助我们理解这个系统的结构。同时，ITS 又是一个庞大的系统，包含有很多子系统，它的实施需要通过这些子系统来实现。ITS 体系结构为 ITS 的各个部分提供了统一的接口标准，从而使各个部分便于协调，集成为一个整体；避免缺少和重复，使 ITS 成为一个高效、完整的系统，并具有良好的扩展性。根据国家总体 ITS 框架，发展地区性的 ITS 体系结构，保证不同地区智能运输系统具有兼容性。

（二）智能交通系统的基本构成

智能交通系统所包括的范围十分广泛，其涉及的领域也是空前的，目前电子、通信、计算机和自动控制等领域研究的最新成果均可应用于智能交通系统中。

智能交通系统的体系结构一般由先进的交通管理系统、先进的出行者信息系统、先进的车辆控制系统、先进的公共交通系统、营运车辆调度管理系统、先进的乡村交通系统及自动高速公路系统等子系统构成。

1. 先进的交通管理系统

先进的交通管理系统（Advanced Traffic Management System，ATMS）是智能交通系统

（ITS）的关键组成部分，通过对先进交通信息的采集、数据通信、电子控制和计算机处理等高新技术，从而实现道路网络交通流的实时监控、主动控制、协调管理与操作的综合化管理，最大限度地发挥交通网络的通行能力，达到缓解交通拥挤、缩短出行时间、降低能耗、减少交通事故的目的。

传统的交通管理系统，是一种被动式的交通管理与控制系统，这种控制无法实现交通管理决策与车辆行为之间的协调。作为智能交通系统组成之一的先进交通管理系统，是一种主动式的综合交通管理控制系统，这种系统依靠先进的交通监控技术与计算机信息处理技术，能获得实时的交通状况信息并能进行实时处理，实时地向道路使用者发出控制和诱导信号，从而达到有效管理交通的目的。交通管理系统主要用于交通监测、控制和信息处理的智能化。该系统类似于机场的航空控制器，在道路、车辆和驾驶人之间提供通信联系，从而使交通流始终处于最佳状态。

先进的道路交通管理系统的目标（功能）是改善现有道路网运行状况，提高道路网的有效利用率和交通容量，减少道路网的交通拥挤，降低事故发生率，减少出行延误，降低油耗，减少废气排放等，从根本上说是为了提高交通管理部门的管理效率。

一个先进的交通管理系统是由一系列的道路运行检测、监视系统、交通管理支持系统及出行建议系统所组成。整个系统可以概括为四个部分。

（1）信息采集系统

交通管理与控制中心进行交通管理与控制的依据及基础是各种实时交通信息、道路信息以及气象信息等与交通运行密切相关的其他信息。信息采集系统的功能和作用就是负责收集和获取这些相关信息。

（2）信息传输系统

信息传输系统是控制中心与信息采集系统之间、控制中心与信息提供系统（终端）之间的联系渠道。通常，信息传输系统可以是有线通信、无线通信、微波通信、卫星通信、移动通信等组成。其功能是确保各类信息的有效传输。

（3）信息处理系统

信息处理系统是位于交通管理与控制中心的各种处理系统的总称。其主要功能是：实现实时自适应信号控制，向信息提供系统提供各种信息，实现各种交通管理功能，构建交通管理信息库。

（4）信息提供系统

为出行人员或管理人员提供交通信息，发布命令或建议，向交通拥挤路段的出行者提供建议路径等，以促使出行人员选择合理的出行方式及路线，使道路交通流量分布均匀，提高道路利用率等，最终达到交通控制与管理的目的。对于一个信息提供系统，除必须具备固定的、静态的交通标志、道路标线外，还应具备提供动态交通信息的功能。完成动态信息提供的主要设施是：可变情报板，可变限速标志，交通广播及路侧通信广播，道路模拟屏，信号灯系统，公共信息电话查询，信息中心终端，车辆导航装置，交通电视、电台信息发布系统，因特网交通信息发布系统等。

2. 先进的出行者信息系统

先进的出行者信息系统（Advanced Traveler Information Systems，ATIS）是智能运输系统的组成之一。该系统的定义可以概括为：收集相关的交通信息，分析处理信息，传递和提供信息，从而为出行者提供从起点到终点的实时帮助，使整个出行过程舒适、方便、高效。

先进的出行者信息系统的实质是交通信息中心实时地收集各种相关的交通信息（包括信息咨询），经分析与处理后直接向出行者发出关于各种交通状况的信息以及最佳出行路线的咨询与建议，出行者根据这些信息和咨询意见科学地决定自己的出行路线、出行方式，以疏导交通流，保持交通畅通，提高交通安全，从而最终提高社会与经济效益。这种系统的显著特点是以个体出行者为服务对象，个体出行者可以通过其便携式信息系统实现与交通信息中心的双向信息传递，使自己行驶在最短路径上（距离最短或时间最短），以避开阻塞路段、事故发生路段或环境不良路段，从而减少出行延误，提高出行效率，改善交通状况。

先进的出行者信息系统以驾驶人为服务对象时，又可称为智能驾驶人信息系统，系统通过办公室或家庭计算机终端和公路咨询广播系统等，向驾驶人提供目前交通和道路状况、车辆位置和行驶信息，并且通过路径引导系统向驾驶人提供行车路线信息。

（1）系统功能

先进的出行者信息系统必须具备信息采集、信息处理和信息传递与发送等基本功能，其重点功能体现在向交通参与者提供信息服务上。

①向交通参与者提供出发前的出行信息。出发前的出行信息服务可使出行人员在家里、单位里、汽车里或其他作为旅行出发地的公共场所提供的个人终端获取道路综合交通信息。该服务可随时提供有关公共交通的行车时刻与运行路线、换乘站点、票价及搭载合乘等实时信息，以鼓励人们选用公共交通或合乘等出行方式代替独自驾车出行的方式，还可以提供诸如交通事故，道路施工，绕行线路，某一路段上的旅行时间、车速情况、交通通告信息、重要活动安排及气候条件等实时信息。出行者可根据这些信息选择最佳的出行路线、出行方式及出行时间，或者取消出行计划并向信息中心反馈。

②向出行者提供与目的地相关的信息。这类信息主要包括沿途及目的地的加油站、汽修厂、餐馆、交警部门、医院等服务及设施的地理位置分布、联系电话、地址、办公及营

业时间；同时，也可以提供目的地的住宿情况、休息场所、天气状况、一般通行时间、目的地停车场分布与停车情况、目的地当前的交通状况等。出行者可以在家里、办公室、汽车里或其他公共场所或者出行途中通过个人终端获取出行目的地的服务信息，然后根据这些信息安排或调整出行计划并向信息中心反馈。

③向出行者提供公交信息。提供公交信息是为了帮助利用公共交通的出行者进行出行路线、换乘路线和出行时间的选择，以提高出行者出行的便利性和高效性。通过车载装置、便携装置或置于用户家中或办公室内，位于路边、车站等处的个人终端提供实时公交系统的行车计划、公交拥挤状况、票价和停车泊位等信息，以便于出行者选择并反馈。

④向出行者提供在途交通与道路状况信息。

A. 道路几何构造信息。通过视觉（车载显示屏）和听觉（车载收音机或路边广播系统）等形式，预先向驾驶人提供诸如道路线形、收费站、交叉口、隧道、纵坡、路宽等前方道路几何情报信息，可以较大地提高行车安全。

B. 路面状况信息。交通信息中心可以通过设置在道路沿线的路面状况检测器等各种气象传感器以及电视摄像系统，检测并采集路面破损、潮湿、积雪、冻结等路面状况信息，再通过通信信标等路侧信息发射设备向驾驶人提供。这些信息的使用，可以大大地减少交通事故的发生。

C. 道路灾害信息。交通信息中心收集作用区域内以及作用区域外其他信息中心传送来的自然条件状况，迅速向驾驶人提供有关道路状况的信息，如风、雾、雨、雪或突发洪水淹没冲毁道路等的信息。信息中心根据灾害状况选择相应的控制方案通过车载装置和可变信息板提供交通管理控制信息。

D. 路网条件信息。提供如路网内某路段发生交通事故、道路施工养护、交通中断、交通阻塞等实时信息，以及针对某路段的交通管制情报，出行者可据此选择最佳出行路线，或中途改用其他交通出行方式。

⑤向出行者提供行驶路线导航信息。上述信息都是为路线导航服务的。路线导航将根据交通系统的实时信息直接为驾驶人指示抵达目的地的行驶路线与方向。系统将在需要的时候提供包括各路段的交通拥挤情况、通行时间、交通管理信息以及停车泊位信息、公交信息等。路线导航信息的提供将使出行者能够选择最佳路径并缩短行程时间，而对交通管理来说，由于实时动态交通流分配，交通状况会得到优化。

（2）系统构成

先进的出行者信息系统由交通信息中心、通信网络及车辆导航辅助系统（或便携式导航辅助系统）三大功能单元组成。

①交通信息中心 TIC。交通信息中心（Traffic Information Center，TIC）是先进的出行

者信息系统的控制中心。它主要负责信息存储、分析处理、系统运行控制、决策和建议提供等主要功能。其核心是信息的分析和处理。主要体现在：

    A. 根据实时道路交通状况信息，更新建立在交通信息中心的交通信息数据库。

    B. 根据实时交通信息产生并定期更新路段通行时间的历史数据。

    C. 进行连续的数据重组工作，以建立交通状况实时预测模型。

    D. 用实时交通状况预测模型，预估路段通行时间和最佳出行路线。

    E. 事故调查和交通异常分析，将实时的交通信息、路段通行时间预估信息等与历史数据进行比较分析，以确定路段通行时间变化（增加）的原因和交通事故、交通异常发生的可能性，以便及时通知车辆驾驶人和出行者。

    ②通信网络。通信网络是指在交通信息中心与信息源之间、在交通信息中心与信息发送之间的通信系统。通信系统既包括有线通信，也包括无线通信，通信介质主要是光纤、电缆、无线电射频、微波等传输媒介。对于一些固定的信息源常采用有线通信方式，而对于一些运动或移动的信息源或服务对象必须采用无线通信方式。

    交通信息中心与导航车辆之间的信息传输是双向动态无线数据传输系统。一方面，车辆利用车载接收器可以获得从交通信息中心发射（传输）来的实时交通信息，如当前路段通行时间估计、道路拥堵情况、事故发生情况等；另一方面，车辆又是流动的交通信息检测器，通过车载发射装置把当前的交通信息（路段实际旅行时间）反馈给交通信息中心。

    目前，在先进的出行者信息系统中应用和研究较多的是无线双向射频（RF）数据通信系统。其简单工作原理是：交通信息中心向所有装备车辆导航辅助系统的车辆发送实时道路交通信息，车辆通过车载射频数据接收装置接收信息，经处理后再现信息（视觉或听觉），同时车辆每完成一路段行驶后，就自动向交通信息中心发射（反馈）旅行时间报告，使信息中心及时接收来自车辆的检测信息。车载发射装置的工作过程，按照竞争管理协议进行，即当一辆车向信息中心发射信息时，如果此时信道正被其他车辆所占用，则它必须等待并不断重试，直到信息发出为止。

    ③车辆导航辅助系统 MNA。车辆导航辅助系统（Mobile Navigation Assistant，MNA），是一个为驾驶人到达目的地而提供路径诱导信息的辅助信息系统。它一方面通过车载装置向驾驶人提供必要的在途交通信息和路线诱导信息；另一方面通过信息发送装置，向交通信息中心发送车辆在路段上的通行时间信息等。

    车辆导航辅助系统的构成主要包括交通信息中心的车辆导航信息处理及信息发送（发射）装置和车载装置等。

    车载装置包括：车载导航辅助装置和无线数据通信收发装置。其中车载导航辅助装置主要是车辆导航定位装置（如 GPS）和车载计算机及显示屏。

车辆导航辅助系统的功能是在恰当的时间和地点给出导航信息，对驾驶人下一步的路线选择提供建议，从而可以保证驾驶人在通向目的地的行程中始终行驶在最佳路线上。

3. 先进的车辆控制系统

先进的车辆控制系统（Advanced Vehicle Control Systems，AVCS）是对车辆本身而言的，主要是指借助车载设备及路侧、路面的检测设备来检测周围行驶环境的变化情况，进行部分或完全的自动驾驶控制以达到行车安全和保障道路畅通的目的。

先进的车辆控制系统是在"车辆-道路"系统中综合运用了感测技术、通信技术、计算机技术、控制技术而形成的一个车辆运行自动控制系统。这种系统具有预警报告、辅助驾驶和在危险行驶情况下的自动干预等功能。具体体现在：提高行车安全，维护行车秩序；增加道路交通容量，减少道路拥挤，缩短行车时间；降低行车成本，提高行车效能；减少废气污染，保护环境。

先进的车辆控制系统又称自动车辆驾驶系统。自动车辆驾驶系统包括能监控车辆的探测器、自动车头间距控制、自动刹车以及控制油门等部件。它能使车辆在高速行驶中保持适当的车间距，必要时还可以自动减速或刹车，以免碰撞事故发生。在此基础上，也出现了更加先进的系统，如分布式车辆管理系统。该系统的研究是在分布式人工智能基础上进行的。分布式人工智能主要研究多智能系统中的知识与行为，其主要目的是有效地利用资源，控制智能系统的异步操作，均衡各智能系统的目标。美国麻省理工学院利用分布式人工智能理论研制了分布式车辆管理系统，该系统是通过分布在不同地点的传感器接收信息，使用多个不同的黑板系统解释这些信息从而进行车辆管理。在这里，来自每个传感器的数据被送入相应的问题求解结点中，然后所有结点合作构成一个通过传感器网络的总体车辆交通运行图。

系统的组成主要包括两个部分：行车安全报警系统、行车自动控制和自动驾驶系统。

行车安全报警系统由微波雷达、激光雷达、传感器、摄像机和车载图像处理系统组成。行驶中的车辆通过车上配备的各种仪器能够准确测定出与前方行驶中车辆的距离、行驶车道以及车辆周围的情况。中央信息系统根据这些信息数据进行综合处理，在驾驶人因打瞌睡、精力不集中等使车辆间隔距离过短或者偏离车道中心时会向驾驶人发出警告。

行车自动控制系统和自动驾驶系统是智能交通系统中重要的组成部分，它可以避免驾驶人因判断和操作失误引起交通事故。这个系统具有自动导向功能、障碍物自动检测功能和回避功能。整个自动驾驶系统由路面设施和车辆上的特殊装备组成。路面设施是在车道中心按一定的间隔距离埋设磁铁。车辆前头两侧配备两个磁传感器，前车灯中间有障碍物检测雷达，车体中部两侧装有车道白线识别装置，同时，还装配有电子导向仪、电子自控加速踏板、电子刹车等装置。

4. 先进的公共交通系统

智能型城市公交系统，即先进的公共交通系统（Advanced Public Transportation System，APTS），是以陆路公共汽车、有轨与无轨电车、快速公交为主体，以地铁、轻轨、出租汽车、客运轮渡、架空客运索道缆车等其他形式为辅的城市客运公共运输体系。传统的 APTS 研究多集中于陆路公交系统，而随着各国城市道路基础建设的速度放缓，对以公交出行解决交通拥堵问题的重点逐渐转移到地下轨道交通上，对地铁公交系统的智能化研究也逐渐兴起。先进的大众运输系统是采用智能技术促进公共交通运输业的发展，提高公共交通的吸引力。

（1）系统构成

先进的公共交通系统，运用系统工程理论将 GPS 定位技术、GIS 及地图匹配技术、公交运营优化与评价技术、计算机网络技术、数据库技术、通信技术、电子技术、智能卡技术等先进技术科学集成，形成智能调度、应急管理、电子收费、信息服务、网络通信集于一体的先进公共交通管理系统。

智能公共交通系统可以描述为：采用全球卫星定位技术（Global Positioning System，GPS）并结合感应线圈、视频检测、微波雷达、超声波检测、红外线、声学检测、磁力检测等技术进行数据采集；以地理信息系统（Geographic Information System，GIS）为操作平台，进行交通设施、运行衔接、综合管理的一体化规划和设计；在管理层实现智能公共交通系统的综合评价、线网优化、财务管理、票制票价一体化、司乘人员管理、公交站场和枢纽管理；在业务层面上实现智能调度、应急管理、电子收费、信息服务等功能。

智能化的调度和指挥，可以保证车辆的准点运行，并使出行者能够通过各种信息发布途径（如电子站牌、智能手机 App）了解车辆的到达时刻，从而节约乘客的旅行时间。同时，公交出行者可通过各种信息发布渠道获得公交线路、换乘、票价、行程设计等公交信息，从而可以吸引更多出行者选择公交方式出行。

此外，从整个智能交通体系的角度来看，智能公共交通系统是城市智能运输系统的一个关键组成部分，与其他系统有着密切的联系，分工协调，从不同角度共同解决城市交通问题。例如，智能公共交通系统与交通信号控制系统相配合实现公交车辆的信号优先，公交车以 GPS 浮动车的形式为交通流信息采集系统提供部分流量数据，同时从多数据源融合的交通流信息采集系统中获取更准确的交通流数据用于实现公交车辆的实时调度。可见，智能公共交通系统并不是一个孤立的系统，而是一个开放的与其他智能交通运输子系统有着广泛数据与信息共享的系统。

（2）系统功能

智能公共交通系统的关键业务功能主要包括以下几个部分。

①数据采集。智能公共交通系统的基础是准确、及时地获取各种数据信息，主要包括静态数据与动态数据两个部分。

静态数据指与公共交通基础设施相关，通常不发生变化，只须根据实际情况定期更新，无须实时更新的数据。例如，公交线路所经站点数据、公交站点位置数据、公交站场停车位数据、公交专用道相关数据、换乘点相关数据等。公交静态数据主要由公交企业或相关部门采集提供，存储在数据库系统中，结合 GIS 配套进行应用，定期更新。

动态数据指随时间的变化而变化，需要动态采集、更新、处理的数据。例如，公交站点客流量、公交车辆位置数据、车辆实时速度、站点间运行时间、交通流量数据、交叉口信号控制方案等。对于智能公交管理的日常运作来说，动态数据的实时采集是关键。建立稳定可靠的信息采集子系统，获取足够的动态数据，是进行公交调度和信息服务的基础。

②数据挖掘。结合公共交通运营的历史数据和实时采集数据，对采集的各种数据进行挖掘并实现对公交运营态势（如客流量预测）的识别、控制和评价是智能公共交通系统的重要功能。随着多种新型城市公共交通检测技术的出现和应用，城市公共交通管理部门面临的主要问题不再是如何获得交通数据，而是如何在短时间内从海量的交通数据中提取出有用的信息。因此，利用各种数据挖掘方法，从公交运营数据库中迅速抽取有价值的知识和信息，给出公交运营态势的预测和评价，进而得出公交运营组织及调度策略，是智能公共交通系统的主要功能组成。

③智能调度。智能调度是以 GPS、GIS、移动通信等技术为基础，通过实时采集公交运营车辆的位置和状态信息，结合公交企业车辆运营计划的自动编排与执行，实现车辆运行状态的实时可视化监控和运营线路车辆的实时调度指挥。

在系统功能方面，智能调度的内容主要包括：公交线路和站点信息的设计、生成与管理，车辆 GPS 定位实时跟踪与监控，车辆运行轨迹记录与回放，多数据源无线网络实时数据传输，超速、下线、非准点等多种非正常运行报警，调度信息发布会语音通话管理，图形化 GIS 现场调度工作平台，智能调度与人工指挥支持系统，车辆运营趟次、准点率、里程的综合统计分析，公交线网规划、运营调度计划优化决策分析等。

在方法和理论研究方面，智能调度可分为线路调度和区域调度，两者的区别在于公交企业资源组织的最小单位不同，即一个是线路，另一个是由多条线路组成的一个区域。

其中，公交车辆线路调度是公交调度的基本模式，以线路为单位编制运营计划，进行实时调度。实时调度模块根据采集到的公交动态信息，即线路上公交车辆的位置、载客率、前后车状况、公交站场乘客信息等，综合评估公交系统的整体运营状况和乘客需求，做出车辆调度决策，并向公交车发送实时调度信息，以达到合理安排公交车辆班次，减少乘客等待时间，提高公交服务水平的目的。

④区域调度。区域调度，又称网络调度或线间调度，是将一定地域范围内，原来各自独立运营线路上的车辆、人员，通过一定的技术手段和管理组织协调起来共同运营，以达到资源的有效配置和充分利用的一种组织模式。区域调度是基于运量平衡思想提出的，由于公交客流存在方向、时间上的不均衡性，因此，可通过不同线路间运力的动态组合，实现车辆运量的均衡，从而最大限度地节省运营车辆总数和司乘人员总数，提高公交车辆的利用率和司乘人员的劳动效率。区域调度是国外大城市普遍采用的、高效率的调度模式。随着我国智能公共交通管理系统的建设发展，国内城市公交企业传统的线路调度模式必将为区域调度模式所取代。

⑤信息服务。信息服务是指通过多种渠道为乘客在出行前或出行中提供多种方式的综合交通信息。按照乘客信息系统提供服务的空间环境不同，可分为出行前乘客信息、路边/车边乘客信息、车内乘客信息。

出行前乘客信息包括公交路线、运营计划（时间表）、换乘点、票价、发车实载率、途经地点交通状况、天气状况等信息。在乘客出行前为其提供准确的信息，使乘客可以根据这些信息进行决策，选择出行路线和出行时间，确定合适的出行计划，是吸引公交出行的重要基础，可通过多种媒体渠道实现服务。

路边/车边乘客信息为出行中的公交乘客提供信息，包括车辆的到达时间、实时交通状况等，主要是通过电子站牌和智能手机 App 等方式实现信息服务。

车内乘客信息为车内的乘客提供相关的车辆实时位置信息、到站所需时间、全线路信息、换乘信息、社会新闻、娱乐节目等，使乘客在得到实时信息的同时，也让其在乘坐车辆的过程中能够获取更多的其他信息。车内乘客信息主要是通过车内电子显示屏、多媒体等渠道实现服务。

⑥应急管理。公共交通突发事件是指由自然、社会或人为因素引发的，造成或可能造成运输渠道和枢纽出现中断、阻塞、重大人员伤亡、重大财产损失、生态环境破坏和严重社会危害，危及社会公共交通安全的紧急事件。城市公共交通相对发达，人员相对密集，突发事件发生后影响更快更大。因此，公共交通应急管理是智能公交系统中不可缺少的组成部分。

目前的公共交通突发事件应急管理主要由业务体系和技术体系两部分组成。业务体系主要是指"一案三制"（交通应急管理的预案、法制、体制、机制），技术体系主要包括一系列技术规范与标准、突发事件应急管理中心、三个平台（网络通信平台、信息资源平台、应急管理公共服务平台）、五大应用（监测监控、预测预警、准备/规划保障、应急响应、恢复/评估/分析）。

其中，预案是公共交通突发事件应急管理的核心，突发事件应急管理系统需要以预案范例作为基础进行临机决策，以应对突发情况。此外，自动事件监测技术、应急调度交通路径优化技术、应急疏散管理技术等都是保证应急管理系统实时性、准确性、可靠性不可或缺的技术组成部分。

（三）智能交通系统的关键技术

从系统整体的角度来看，ITS 是一个汇集了众多高科技的大系统。ITS 所涉及的各类先进技术并不是简单的合成与堆砌，而是彼此之间有着紧密的联系。从信息处理的角度来看，ITS 系统涉及数据采集、数据处理、信息发布和信息利用，以上环节构成了 ITS 的信息链。

在宏观层面上对 ITS 应用的关键技术进行分类，主要包括各类传感器技术、电子视野图像识别技术、位置测量技术、判断技术、数值化和数据库以及车辆控制技术、电子技术等。

1. 各类传感器技术

其包括车辆运动用传感器、驾驶操纵状态传感器、车辆控制用传感器、异常状态监控显示器用传感器等车辆传感器，利用超声波、电波、光波检测车辆周围的车辆、行人、障碍物、路面形状和路面湿润状况、气象、外来光等外界传感器，通过直接检测驾驶人的脑电波、眼球运动、皮肤电位、心跳等来确定驾驶人瞌睡、疲劳度，以及通过间接测量驾驶人的驾驶操纵动作并与数据处理技术、AI 技术相结合的间接测量法来综合分析驾驶人异常状态检测传感器。

2. 电子视野图像识别技术

电子视野图像识别技术包括自动行驶车辆用电子视野图像识别技术（如车道线识别、道路形状识别、障碍物识别、标志和信号识别、进出车库时的识别等）、对其他车辆的电子图像识别技术（如判断有无车辆、车辆的移动状况判断、车牌识别、车辆现状的识别、3D 测量等）、交通状况的监控（如停车场的监控、交通流量的监控、路肩的监控、对面车道的监控等）、对人的识别（如检测有无行人、脸部表情的识别、人动作的识别、指纹的识别等）以及对周围情景的识别技术（如对路面的结冰、湿润、龟裂、凹凸等状况的识别）。

3. 位置测量技术

位置测量是向车辆提供交通情报服务以及实现自动驾驶的基础。它包括绝对位置测量和相对位置测量两个方面。绝对位置测量分为车载传感器和车载数字化地图等设备测量方法、GPS 和无线电指标地面设备测量方法以及复合测量方法等；相对位置测量包括利用激光、超声波、红外线等进行近距离的车间距测量、障碍物测量等。

4. 判断技术

判断技术是情报处理的基础技术之一，其利用人工智能技术、神经网络技术、模糊技术以及现代控制技术等对包括人和车的异常状况、障碍物、到达时间以及最佳行驶路线等进行判断预测。

5. 数值化和数据库

其包括车载的道路电子地图等数据库和控制中心提供的气象、道路情报、停车场、旅游向导等动态数据库以及车辆工作状况的数据库等。

6. 车辆控制技术

为了使车辆更加安全、舒适、高效、经济，车辆的控制向综合控制方向发展，大致可以分为动力传动系统控制（发动机控制、变速器控制、驱动力控制）、底盘控制（制动系控制、动力转向和 4WS 控制、悬架控制）、驾驶环境控制（驾驶姿势控制、行驶环境控制、空调控制以及其他如安全气囊等），以及辅助驾驶系统（驾驶人生理状态控制、防止误操作和危险状况的控制等）和自动行驶、自动跟踪行驶控制系统等部分。

7. 电子技术

ITS 所涉及的电子技术极其多，大致可以分为半导体超大规模集成线路技术、储存器技术、显像技术、IC 卡、天线、传输线缆等。

8. 计算机系统

车载计算机控制系统由单个分别控制向综合控制、智能控制发展，微机将向高速、小型、高可靠性方向发展，而且，系统连接线缆也将向高速发展。

9. 移动通信技术

移动通信技术是 ITS 把握汽车以及汽车交通状况所必需的技术，它包括车—车移动通信、路—车移动通信以及复合通信。通信范围从极小范围、线路范围到卫星通信网络。传播媒体有光（光束、图像）、无线电（毫米波、微波、无线电）、卫星、电磁引导、超声波等。

10. 通信网络技术

汽车交通移动通信网络是以汽车以及汽车交通情报为主的地区、全国以至全球网络。其特点是使用频率高，要求实时、准确、可靠。

四、智能交通系统在交通运输管理中的应用

（一）智能交通系统在交通运输管理中应用的重要性

一方面，由于当前的智能交通系统在现代交通管理的重要地位，同时伴随着现代交通的开展，智能技术应用越来越普遍。我国现已建立了完善的道路交通运营系统，主要包含汽车交通管理系统、城市交通信息管理系统和控制系统等。智能科技的应用，能够提高交

通的安全性，完善交通运输体系，既防止了事故的发生，又提高了交通运输效率。

另一方面，城市交通中的车流量日益增多，其管理系统将由人工化向智能化过渡。在现实应用中，以降低能源消耗和科学分配资源为指导准则，虽然提高了现有资源利用效益，并在产业结构和管理技术上都有所改善，但成效并不明显，仍然需要加大资金投入和科技支持，以提高交通管理效率。

（二）智能交通系统在交通运输管理中的具体应用

1. 凭借智能交通互联预测出行需求

为保障当前交通的良性发展，有关部门必须借助智能交通来推进运输的标准化。例如，我国的交通运输领域已经推出了网上售票和线上选座的服务，包括航空、铁路等，此种业务的推出不但能够给乘客提供方便，改善乘客的出行感受，而且可以减轻工作人员的压力，提高服务的质量。在今后的建设进程中，城市管理也应该进一步关注智能交通发展，针对当下的实际情况，合理推进智能交通设计，以此为城市居民的出行创造便捷的交通环境。此外，现在不少城市已经推出了网约公交业务，使用者可以通过手机移动客户端完成约车订座，使公交车辆的调度得以优化，不但大大提高了运输效率，也能够给消费者提供更为优质的公交服务。

2. 提升运输管理的信息化水平，促进物流产业发展

智能化交通运输的发展已经得到政府部门的大力协助，但是在运输管理方面，仍然需要逐步提高信息化程度。政府部门应充分发挥指导作用，对建设资金进行合理安排，促进建设工作顺利完成。随着我国宏观经济水平的不断提升，物流产业也得到了显著发展，该产业与广大群众存在非常密切的关系，一直都是群众非常关心的问题。为了促进物流产业的不断进步，有关单位必须做好基础搭建，并对其加以完善，制定一系列约束性规定；同时，必须不断渗透循序渐进的基本理念，形成科学的管理方法，对各个部门的运行进行统筹，通过各方共同努力，提高物流管理工作的总体水平。

3. 降低交通运输管理的难度，合理引导市场

在现代交通管理工作流程中，交通管理部门应注重创新管理机制，不断提升管理水平，在智能时代的大背景下，更应当意识到发展智慧交通的重要意义。通过达到发展智慧交通的总体目标，提升整体管理水平，管理者也可以利用智能交通系统，减轻工作负荷，降低管理工作难度。针对在交通运输过程中产生的运力过剩、需求低迷等情况，如果无法及时进行科学处理，必将产生不良社会影响。通过合理使用智能交通管理系统，深入分析系统所收集的数据信息，制定出科学的运输管理策略，提高交通运输的效率，进而合理引导运力，刺激市场需求，为交通运输行业创造良好的经济效益与社会效益。

4. 提高交通运输管理的整体效率

国内外的交通道路拥堵现象日益严重，特别是在某些主要城市更是成为严重制约城市交通建设的重大难题，而通过将计算机技术科学合理地应用于交通运输管理当中，可以为交通拥堵现象带来更多可行的解决方法。电子信息的传播非常快捷和方便，可以为人们带来最便捷的出行途径和方式，在数字化社会的开发与建设进程中，人们越来越认可数字化资讯传播方式。在交通运输的过程当中，只有积极推进信息化科学技术的发展，合理地应用信息化科学技术，才可以切实提高交通运输的效率，并最终提高整体运输能力。

5. 监控系统

交通管理技术主要包括交通运输流动监控、视频监测和违法行为监控三个方面，通过 GPS 智能技术中的互联网技术、人工智能技术、计算机技术、控制技术等，对交通运输实施全方位的监测，在流动监控、视频监测和违法行为监控方面也会更加优化。此外，随着 ITS 智能交通系统在车辆监测体系上的广泛使用，对路面上的违法行为实现了更为充分的监测，有效降低了超载、超速等现象的发生，推动了交通运输的健康发展。

6. 交通信号控制系统

为了以良好的管理促进交通的顺利运行，交通信号控制系统应运而生。在城市交通管理当中，更加完善地管理、应用交通信号控制系统，提升其自动化和智能化水平，是保障交通运行水平的必然选择。交通信号控制系统通过对所收集的交通流量信号做出适当的协调，在交通流量达到相应峰值时合理地对机动车运行进行适当的管理，减少机动车拥堵现象的发生，在交通流量正常的情况下，系统会根据系统设定的要求合理引导车流，确保城市交通的安全运行。

第八章
计算智能在交通运输系统中的应用

第一节　城市轨道交通客流智能预测与调控组织

一、基于 IGA 优化 LSSVM 的城市轨道交通短期客流预测

（一）概述

短期城市轨道交通客流预测作为城市轨道交通系统管理控制的一个重要环节，为城市轨道交通实时运营和客流组织提供决策依据，同时对提高交通管理服务水平以及控制能力具有非常重要的现实意义。短期客流预测根据数据特性可以分为线性、非线性和组合预测这三种预测模式。但是短期客流相较于中长期客流，其趋势特征不太明显，研究学者往往需要借助其他相关实时数据对短期客流进行联合辅助预测，例如天气变化、节假日、重大活动、周边交通情况等因素。这类多模态数据下的城市轨道客流预测模型往往需要多个平台的数据支持，尽管提高了预测精准度，但是预测效率低，研究人员容易忽略短期预测的时效性。多模态的预测模型较适用于中长期预测，为城市轨道交通交通规划建设提供辅助建议，且多模态数据预测需要多个平台支持，会造成运营成本上升、预测时间长等问题。

近年来，国内外研究人员在进行城市轨道交通短期客流预测时将时效性问题纳入考虑范畴。有一部分学者通过讨论时间序列的相似性、相关性来进行预测，例如回归分析、ARMA、极大似然估计等，这些方法在进行短期预测时非常依赖历史数据，且无法将数据某些非线性特征表达出来，不能适用时效性需求比较高的城市轨道交通短期客流预测，难以做到在线预测。

于是有专家学者提出非线性的预测模型，例如支持向量机（SVM）、卷积神经网络模型等，这些模型关注时空关系，利用模型反映出客流之间非线性部分的特征。这类方法较依赖模型结构设计，同时预测时间随着模型的复杂度呈现指数增长。因此，为了提高非线性模型的效率，衍生出许多组合算法，例如将深度学习方法和寻优算法的结合，而这类预测算法结合寻优算法的性能优化神经网络的权值或阈值以达到快速收敛效果，提高交通流预测精度。但是，由于深度学习对于数据的要求非常高，随网络层数和数据的增加容易造成预测速度慢以及过拟合的情况，因此，在小样本预测中具有良好的泛化能力的支持向量机（SVM）会更加适用于交通流预测领域。

其中，LSSVM 是基于 SVM 进行改进的，能够高效地提升模型的计算速度，而采用粒子群、蚁群、遗传等算法优化 SVM 参数均可以提高模型的预测精度。由于 LSSVM 受参数选取影响较大，因此参数组合是提高性能的重要因素。这类方法特点在于所需样本量比较少，但是需要多模态数据进行联合预测才能有较好的预测精准度。而现实情况中，城市轨道交通客流组织实施分级预警策略，要求在保证一定的预测精准度下更强调对客流进行快速的预测响应。

基于上述分析，为了降低数据复杂度和样本量，提高对于少量单一数据的地铁短时客流的快速预测适用性，特采用时间序列客流数据进行预测，同时提出一种基于 K-Means 聚类的 IGA-LSSVM 的短期客流预测模型。首先，利用 K-Means 聚类方式挖掘其时间序列特征，获取客流模式并进行样本匹配，以此增强模型泛化能力，并针对不同的客流模式建立 LSSVM 模型对客流进行预测，同时利用 IGA 算法对 LSSVM 客流预测模型进行参数优化提高预测精准度，并通过仿真进行验证。

此方法综合了免疫算法全局寻优和遗传算法快速收敛的特性，通过加速迭代过程达到提高预测精度的目标。同时，通过聚类挖掘时间序列的信息，提取出不同类型的时间序列作为输入进行预测，使得预测样本量降低，在一定程度上加快了计算过程。

（二）基于免疫算法优化的 LSSVM

1. 免疫遗传算法机理

免疫遗传算法模仿生物免疫系统机制，并与传统遗传算法进行结合改进而来，具体方法与免疫系统具有如下关系：目标函数对应于抗原，解集对应于抗体，其中解集利用遗传算法进行更新获取最优解。

2. LSSVM 客流预测模型应用

LSSVM 作为支持向量机改进优化模型之一，最大特点就是将约束从不等式转变为等式，将二次规划问题转化为了线性规划问题，降低了计算复杂度。同时，提高了模型的求解速度和精度，其通过单一数据预测在某种程度比 ARMA 等方法逼近得更快、更准确。将该预测模型与城市轨道交通客流数据情况进行结合应用如下。

给定训练集

$$\{(x_i, \ y_i) \mid i = 1, \ 2, \ \cdots, \ l, \ x_i \in R^n, \ y_i \in R\} \qquad \text{式（8-1）}$$

式中：x_i 为输入数据，R^n 为预测 n 维数据集，y_i 为短时客流的预测值，l 为采样的样本个数。同时，对历史客流数据进行 GRANGE 因果关系分析，发现前 4 小时客流与第 5 个小时客流具有 GRANGE 因果关系，因此，将前 4 个小时的客流作为输入，第 5 小时的客流作为输出，同时选择一个非线性变化 $f(x)$ 将输入转化成输出，即得到回归预测函数 $f(x)$。

采用最小二乘支持向量机的优化函数对所求目标值进行优化处理：

$$\begin{cases} Z(w, \ b, \ e)\min = \dfrac{1}{2} \parallel w \parallel^2 + \dfrac{\gamma}{2} \sum_{i=1}^{i} e_i^2 \\ y_i = w^T \varphi(x_i) + b + e_i \end{cases} \qquad \text{式（8-2）}$$

式中：w 为权重向量；b 为偏差；e 为真实值与预估值之间的误差；γ 为惩罚因子，可以通过 γ 的值调节惩罚力度和模型精准程度，γ 过小导致预测精准度降低，过大会造成过拟合的现象，从而导致泛化能力不足；l 为样本容量；e_i 为误差项的第 i 个分量；y_i 为输出值的第 i 个样本值；$\varphi(x_i)$ 为样本数据从低维空间映射到高维空间所对应的核函数；x_i 为输入的第 i 个样本值。

引入拉格朗日乘子法将式（8-1）的优化问题转化到对偶空间：

$$L(w, \ b, \ e, \ \alpha) = \dfrac{1}{2} \parallel w \parallel^2 + \dfrac{\gamma}{2} \sum_{i=1}^{i} e_i^2 - \sum_{i=1}^{l} \alpha_i [w^r \varphi(x_i) + b + e_i - y_i] \qquad \text{式（8-3）}$$

式中：α 为拉格朗日乘子；α_i 为拉格朗日乘子的第 i 个分量。对参数 w，b，e_i，α_i 分别进行求导并令其为 0，得到下式：

$$\begin{cases} \dfrac{\partial L}{\partial w} = 0 \Rightarrow w = \sum_{i=1}^{l} \alpha_i \varphi(x_i) \\ \dfrac{\partial L}{\partial b} = 0 \Rightarrow \sum_{i=1}^{l} \alpha_i = 0 \\ \dfrac{\partial L}{\partial e_i} = 0 \Rightarrow y e_i - \alpha_i = 0 \\ \dfrac{\partial L}{\partial \alpha_i} = 0 \Rightarrow w^T \varphi(x_i) + b + e_i - y_i = 0 \end{cases} \qquad \text{式（8-4）}$$

消去 w 和 e_i，改写成矩阵形式为：

$$\begin{bmatrix} 0 & (1_l)^T \\ 1 & K + \gamma^{-1}I \end{bmatrix} \begin{bmatrix} b \\ \alpha \end{bmatrix} = \begin{bmatrix} 0 \\ Y \end{bmatrix} \qquad \text{式（8-5）}$$

式中：K 为核函数；I 为单位矩阵 $1_l = [\ 1\ 1\cdots 1\ ]$；$b = [\ b_1\ b_2\cdots b_l\ ]$；$\alpha = [\ \alpha_1\ \alpha_2\cdots \alpha_l\ ]$，$Y = [\ y_1\ y_2\cdots y_l\ ]$。

根据矩阵方程可求得 α 和 b，最终得到 LSSVM 回归预测的函数为：

$$f(x) = \sum_{i=1}^{l} \alpha_i K(x,\ x_i) + b \qquad\qquad 式（8-6）$$

式中：$K(x,\ x_i)$ 为核函数。采用高斯（Gauss）径向基核函数，其函数形式如下：

$$K_{RBF} = K(x_i,\ x_j) = \exp\left(\frac{{x_i - x_j}^2}{2\sigma^2}\right) \qquad\qquad 式（8-7）$$

式中：σ 为高斯核的带宽，对于 LSSVM 回归预测的性能有较大影响，σ 越小，误差容限越敏感，样本数据点之间的相关性减弱，机器学习过程相对复杂，模型推广能力降低；σ 越大，样本数据点之间相关性越强，机器容易产生过度学习现象，预测精度无法得到保障。

由此可知，LSSVM 的测试结果主要依赖于具体的模型参数 Y 和 b，需要进行参数调节优化。

3. 基于免疫算法优化的 LSSVM 实验步骤

该算法结合免疫遗传算法良好的寻优以及快速收敛的性能，通过调节 LSSVM 预测模型参数 γ 和 σ，并经由 K-Means 进行时间特征挖掘，分别建立相应的预测模式，通过匹配模式后进行预测，以达到提高精准度的要求。

应用免疫遗传算法优化 LSSVM 参数进行短时交通流预测的具体步骤如下：

①构建训练数据集和测试数据集，通过 K-Means 聚类的 BWP 指标对交通量进行聚类分析，并对客流数据进行预处理，得出客流量时间序列分类。

②干预处理的交通数据，分别利用免疫遗传算法优化 LSSVM 进行参数优化得到最优短时交通流预测模型。

第一步：读取匹配数据，设置 LSSVM 抗原以及抗体群（目标问题和初始解），依据二进制的编码规则，随机生成 N 个抗体和 M 个记忆库组成初始抗体群，其抗体群为随机组合。

第二步：将抗体和抗原进行免疫算法迭代，通过计算抗体抗原的亲和度（均方误差 MSE 作为指标）控制抗体浓度，通过计算目标值和预测值的差值，以及抗原之间的亲和度。亲和度的计算公式为：

$$Q(x_i) = \frac{1}{MSE(y_i)},\ Q(x_i,\ x_j) = \frac{1}{1 - E(2)} \qquad\qquad 式（8-8）$$

式中：$Q(x_i)$ 为抗体抗原间亲和度，$Q(x_i,\ x_j)$ 为抗体间亲和度，E 为抗体之间的信息熵。

第三步：对亲和度排序，选出亲和度最高的 m 个抗体，并进行克隆操作。

第四步：通过计算抗体 v 的期望值 e_v 消除低期望值的抗体，即促进高亲和度、低密度个体。其计算公式为：

$$c_v = - q_k/N, \ e_v = Q(x_i)/c_v \qquad 式（8-9）$$

其中，c_v 为抗体密度，N 为种群数量，q_k 表示和抗体 k 有较大亲和力的抗体。

第五步：根据不同抗体和抗原亲和力的高低，根据遗传算法计算方式，按照一定的交叉变异概率进行交换和更改基因序列，产生新的 N 个抗体。

第六步：判断模型收敛情况和迭代次数，若达到收敛条件或最大次数则返回结果，否则进入 Step2。

二、基于异质集成学习方法的城市轨道交通列车客流智能分析系统

截至 2022 年底，我国内地开通城市轨道交通线路的城市已达 55 座，运营里程达10 291.95 km。[①]

（一）系统设计

1. 系统架构

城市轨道交通列车客流智能分析系统，采用云边协同架构，基于嵌入式边缘计算终端，实现城市轨道交通列车车厢内部信息的实时分析；采用 Web 可视化技术，实现线路（网）中心对城市轨道交通列车客流状况的远程监控。

（1）车载边缘端

实现数据接入和智能计算功能，包括数据接入层和智能计算层。

数据接入层负责拉取并解析车厢网络摄像机捕捉到的实时画面，同时，通过列车控制与管理系统（Train Control and Management System，TCMS）获取行车报站、车厢满载率（轴重）和列车告警等数据。

智能计算层将 YOLOv5s、FCHD 和 CSRNet 等三个模型作为基模型，依据功能及适用场景进行模型集成，基于集成后的模型对接入数据进行计算，得到车厢拥挤度和客流计数等计算结果。

（2）地面中心端

实现数据存储、数据服务和应用展示功能。数据存储层负责存储传输的实时数据及离

---

①中国城市轨道交通协会. 2022 年度中国内地城市轨道交通线路概况［EB/OL］.（2023-01-03）［2023-01-18］. https：//www.camet.org.cn/xxfb/11509.

线数据；数据服务层对数据存储层的数据进行处理，得到城市轨道交通列车客流智能分析系统所需要的应用信息，并在应用展示层进行展示，向用户提供线路载客分布和列车客流分布等信息。

2. 系统功能

（1）车厢客流统计

利用智能计算层的计算能力，城市轨道交通列车客流智能分析系统能够在车载边缘端实现列车车厢客流统计功能，对检测到的列车各车厢乘客数量及人群密度进行统计。

（2）拥挤度识别

根据客流密度、乘客目标分布等情况，城市轨道交通列车客流智能分析系统能够结合列车环境进行拥挤度识别。客流相关数据通过无线网络上传至地面中心，由站内综合资讯屏等终端显示下趟列车的车厢拥挤情况，方便乘客选择相对空闲的车厢乘车。相关客流数据还可用于其他业务系统，辅助智能调度与应急指挥等功能。

（3）列车清客确认

当列车到站后需要对车厢进行清客时，可通过实时视频检测车厢内是否存在滞留乘客。当有乘客滞留时，系统将异常结果发送至司机室及相关运营人员，提示其确认相关情况，在提升城市轨道交通列车清客检测效率，确保准确性的同时，降低了人力成本。

（二）基于异质集成学习方法的城市轨道交通列车客流智能分析

集成学习方法是一种通过集成策略将多个构建好的基模型结合起来，以实现各基模型更好地完成学习任务的机器学习方法。集成学习方法可分为同质集成学习方法和异质集成学习方法，其中，同质集成学习方法的基模型相同，而异质集成学习方法的基模型不同。城市轨道交通列车客流智能分析系统的应用场景更适合采用异质集成学习方法。这里选取了YOLOv5s、FCHD、CSRNet三类模型作为基模型，以分组Voting方法作为异质集成学习方法。

基于异质集成学习方法的城市轨道交通列车智能客流分析流程分为基模型训练、异质集成学习、列车客流检测及分析三个部分。①通过基模型训练，得到适用于列车客流分析的YOLOv5s、FCHD、CSRNet三个基模型；②训练完成后，对各基模型进行测试及评估，根据评估结果进行基于分组Voting方法的异质集成学习，得到分组Voting模型；③列车客流检测及分析时，将列车监控实时采集的图像输入分组Voting模型进行客流检测，检测完成后输出检测结果。

1. 基模型训练

（1）YOLOv5s

YOLOv5s模型是一种单阶段目标检测模型，具有检测速度快、精度高，可进行多类别检测等优点。其在城市轨道交通运营时段平峰期有较好的人员计数效果，但在存在遮挡、拥挤、重叠等情况的密集客流场景下表现不佳。

（2）FCHD

FCHD 模型是一种单阶段人头检测模型，提出了轻量级人头检测网络和先验框尺度的选择，适用于拥挤、有遮挡的复杂场景。其模型运行时间短，内存需求低，且检测结果较为精确，但仅适用于进行人头检测。

（3）CSRNet

CSRNet 模型是一种适用于拥挤场景人群计数的二阶段网络模型，可生成高质量的人群分布密度图，适用于运营高峰期大客流密度环境。但由于其为二阶段检测算法，检测时相比上述两种模型耗时较长。

2. 异质集成学习方法

（1）Voting 方法

Voting 方法是一种常用的异质集成学习方法，其核心思想为，收集多个基模型的输出结果，并基于少数服从多数的原则，得到最终的结果。加权 Voting 方法为各个基模型增加了权重，各基模型输出结果按权重大小影响最终结果。应用于城市轨道交通列车客流智能分析系统的客流检测问题时，可依据各基模型的测试效果定义权重，并计算出最终结果。由于各基模型的适用场景不同，因此，结合城市轨道交通列车客流智能分析系统实际应用，在加权 Voting 方法的基础上进行改进，提出一种分组 Voting 方法。

（2）分组 Voting 方法建模

分组 Voting 方法适用于应用场景中具有不同特征的子场景，单一基模型难以满足全部子场景的需求，且各基模型在各子场景中表现差异较大的情况。其核心思想是根据各子场景特征及各基模型在场景中的表现情况对基模型进行分组，将适用于同一子场景的基模型归为一组，共同解决该场景下的问题。分组 Voting 方法的建模流程为：将基模型根据功能及适用场景分组三，计算各组基模型的投票权重三按子场景出现情况为全应用场景匹配对应的基模型组。

①在城市轨道交通列车客流智能分析系统应用中，平峰期客流较少，适合采用 YOLOv5s 和 FCHD 模型作为基模型；高峰期客流较多，且存在遮挡、拥挤等情况，适合采用 FCHD 和 CSRNet 模型作为基模型；清客期由于乘客目标较少，因此，仅采用 YOLOv5s 模型即可满足检测需求。高峰期通常为工作日 7：00—9：00 和 17：00—19：00，平峰期通常为工作日其余运营时间及双休日全天，清客期为列车到站后及列车出现故障后。根据线路和列车运营情况，可对上述时间范围重新进行定义。

②在分组 Voting 模型中，根据各组基模型检测结果特征，分别为平峰期和高峰期分组中基模型所占权重定义不同的计算方式。

第一，平峰期分组中各基模型（YOLOv5s 和 FCHD 模型）所占权重的计算公式为

$$W_i = \frac{P_i}{P_1 + P_2} \qquad \text{式（8-10）}$$

式中，W_i 表示平峰期分组中基模型 i 所占权重，$i = 1$，2；P 为基模型的精确率，其公式为

$$P = \frac{TP}{TP + FP} \qquad \text{式（8-11）}$$

式中，TP 为将正样本预测为正样本的数量；FP 为将负样本预测为正样本的数量。

第二，高峰期分组中各基模型（FCHD 和 CSRNet 模型）所占权重的计算公式为

$$W_i = \frac{E_{MAE_i}}{E_{MAE_1 + E_{MAE_2}}} \qquad \text{式（8-12）}$$

式中，W_i 表示高峰期分组中基模型 i 所占权重；E_{MAE} 为模型的平均绝对误差（MAE，Mean Absolute Error）评价指标，其计算公式为

$$E_{MAE} = \frac{1}{N} \sum_{i=1}^{N} | C_i - C_i^{GT} | \qquad \text{式（8-13）}$$

式中，N 为测试图像的数量；C_i 为模型在第 i 张图像中检测到的目标个数，C_i^{GT} 为第 i 张图像中实际的目标个数。

第三，在实际应用时，根据高峰期、平峰期、清客期三类子场景出现情况，以及获取监控图像的采集时间，匹配对应的基模型组。

3. 列车客流分析

分组 Voting 模型根据各基模型的检测结果及加权计算，获取各时段的客流检测统计值。根据现有通用的拥挤度评估定义，当客流密度<4 人/m² 时，拥挤度识别为舒适状态；当客流密度>4 人/m²，且<6 人/m² 时，拥挤度识别为较拥挤状态；当客流密度>6 人/m² 时，拥挤度识别为拥挤状态。在清客期，当检测得到的乘客目标≥1 时，即判断存在滞留乘客，须将异常结果通过接口上报。

三、城市轨道交通车站应对大客流的组织措施

随着我国城市群交通一体化进程的不断加快，城市公共交通呈现蓬勃发展之势，各地轨道交通线网不断完善，轨道交通运营线路长度逐年增长。

（一）大客流界定及类别

1. 大客流界定

大客流是指一个或多个车站在一定时间内出现较多的客流，并且有持续增长的趋势，

客流量超过车站正常客流设备或者客运组织措施所能承担的客流量时的客流。大客流一般在重大节假日期间或者大型活动散场时发生，主要表现为客流流线交叉、站厅站台乘客流动缓慢、站台候车时间大幅延长等。

2. 大客流类别

大客流类别有很多种，根据形成原因可以分为可预见性大客流和突发性大客流。

可预见性大客流是指通过搜集信息、总结往年客流数据，对车站大客流的出现时间、客流组成、客流量等能够提前分析和预测，主要包括早晚上下班高峰引发的大客流，劳动节、国庆节等节假日市民出行及游客旅游引发的大客流，以及地铁周边提前发布的大型活动（如足球赛、演唱会等）而引发的大客流。

突发性大客流是指提前无法预测、临时突然发生的大客流，主要包括天气突变大量市民乘坐地铁或涌入车站躲避导致客流量急剧上升，地铁周边临时组织大型活动造成人员在一段时间内的大面积流动等。

（二）大客流组织原则

客流组织是指通过对车站空间容量和设备设施的分析，依据车站某个时间段的进站客流、出站客流、换乘客流预测，制订切合实际的进出站、换乘、乘降引导方案，并根据方案开展行车及人员组织。车站大客流组织原则如下：①大客流组织工作应遵循安全第一、统一领导、快速响应的原则；②指挥调度中心应遵循及时传达、快速处置的原则，做好信息上传下达及预案响应工作，票清中心应遵循准确可靠、及时上报的原则，做好客流数据的实时更新工作；③车站现场应遵循由内至外先控制入闸客流，再控制换乘客流的原则，车站应根据客流及受影响情况果断采取相应客流控制措施，其他车站也应同步协调；④换乘站大客流组织工作应遵循"谁主管、谁负责"和"属地管理、统一指挥"的原则，由站台、站厅滞留乘客密度较大的车站统一指挥，换乘衔接车站协同配合，建立换乘站线路之间相互统一协调的快速信息处理反应机制；⑤以乘客需求为导向，建立健全客运工作协作机制，加强与轨道分局、公交、出租车等单位的联系与协调工作。

（三）大客流组织应对措施

1. 可预见性大客流准备工作

①根据公司运营保障方案，制定现场专项保障措施，提前安排工作人员到车站支援。

②提前在出入口、站厅和站台处摆设隔离装置，并加强引导。提前引导乘客打开手机过闸功能，提高闸机通过速度。

③提前设置临时售票点，准备足够的票卡、备用金和零钞，进站购票乘客较多时可根

据现场实际情况启用。

④根据现场情况提前设置导向标志、安全线或隔离栏杆。

⑤提前准备手持广播、对讲机、便携式扩音器等应急物资。

⑥加强客流监控，若车站客流持续增加，车站值班站长须判别客流级别，及时报告行车调度中心，并启动相应等级客流控制措施。

2. 客流逐渐增大阶段客流控制

①当车站发生突发大客流时，值班站长应及时判明客流特征，报告行车调度员。

②车站采取客流控制措施，合理调整进出站闸机方向，设置隔离措施，优化乘客行走路线，减少客流对冲。

③车站售票设备能力不足时，应及时引导乘客使用手机过闸，开启临时售票点。

④加强售票机、闸机、电梯口、换乘通道、站台等关键部位的引导。

⑤当安检点排队较长且站台客流较少时，增加安检人员加强引导，提高安检速度；若排队乘客持续增加，设置人工快检通道，进行分道处理。

3. 三级大客流控制

当站厅付费区大客流达到额定人数50%及站台大客流达到额定人数60%时，应启动三级大客流应急响应，如在空间允许的情况下，设置"S形""回形"隔离栏杆布局，延缓乘客进入站厅的速度，在换乘通道、站厅安检点及进站闸机处合理利用隔离栏杆对客流进行分流、引导，在换乘通道、站厅至站台扶梯处实施客流控制。通过调整电扶梯方向或关闭电扶梯等方式，改变流线设计，减慢换乘客流换乘速度和乘客到达站台的速度。

4. 二级大客流控制

当站厅付费区大客流达到额定人数70%及站台大客流达到额定人数70%时，应启动二级大客流应急响应，如控制安检速度，关停部分自动售票机、进站闸机或将闸机设为只出不进，在出入口、站厅、换乘通道及安检处设置隔离栏杆，实行分批放行，控制乘客进入车站、付费区的速度，对于已经进入站台的乘客，工作人员应尽快引导乘客快速上车离站。

5. 一级大客流控制

当站厅付费区大客流达到额定人数90%及站台大客流达到额定人数80%时，应启动一级大客流应急响应，如关停进站方向电扶梯、无障碍电梯及所有售票系统，在出入口及换乘通道设置围挡或隔离栏杆，将通道设置为只出不进，禁止乘客进入车站，必要时可关闭部分或全部出入口，并张贴告示。

6. 超大客流控制

当车站启动三级客流控制后，客流压力仍然没有缓解，危及乘客安全时，车站应向行车调度员申请关闭车站，并启动超大客流情况下的客流组织：车站接到临时封闭的命令后，立即做好乘客引导解释工作，通过广播、张贴告示等方式及时向乘客发布信息，疏散站内乘客，安排人员到出入口阻止乘客进站，并请求警察协助。车站根据指示将车站售检票系统设置为降级模式，疏散完毕后恢复正常模式。

（四）大客流组织注意事项

①当发生大客流时，车站要了解产生突发性客流的起因、预计客流、预计持续时长、预期影响等要素，值班站长要做出准确判断，启动应急预案，及时上报。

②售票点处张贴扫码过闸引导标志，引导乘客使用手机扫码过闸。要合理安排增设售票点位置，设置引导隔离带，避免客流交叉，引发现场混乱。

③加强站台候车安全广播，注意站台乘客动态，防止乘客过于靠近站台门而被夹伤。

④当大客流达到二级以上时，须组织人员在出入口、站台和站厅控制疏导客流。在进行站厅付费区客流控制时注意距电梯至少保持 2 米的安全距离，防止乘客抢上电梯，发生客伤。

⑤加强信息沟通，保障大客流处置等相关信息传输通畅。

第二节 城市道路流量与出行需求预测

一、基于大数据技术的城市道路交通短期流量预测

（一）大数据交通预测管理基础平台

大数据交通预测管理基础平台包括数据采集系统、储存系统、数据挖掘分析系统以及应用层。数据采集系统搜集城市交通道路各类感应圈、GPS、摄像头以及各类传感器的数据，然后通过 ETL 将数据汇总到大数据存储平台。大数据存储平台采用 Hadoop 存储各类传感器数据，并建立数据仓库 Hive，对各类监控数据进行整合，存储 5 年以上的历史数据，同时为数据挖掘模型提供历史数据。数据挖掘模型利用历史数据进行模型训练。在预测时，采用 Spark 对数据进行处理，满足短期预测的要求。预测结束后，模型将预测的结果提供给交通预警、道路规划等应用层的服务。

（二）大数据预测模型构建

传统的预测方法主要采用 HoltWinter 等时间序列模型，效果较差。可以整合多个数据

挖掘模型，并进行集成预测，提高模型预测的性能。大数据平台提供历史数据用于预测模型的训练。历史数据分为训练数据以及测试数据，其中训练数据用于构建道路交通短期流量模型，拟合模型的各类参数，然后采用测试数据进行测试。在模型构建中，可以使用神经网络、支持向量机、随机森林等多种模型对同一个数据集进行学习，同时可以采用遗传算法、PSO 算法等对参数进行优化，优化的目标是使得以下公式达到最小值。

$$MAPE = \frac{\sum_{t=1}^{n} |y_t^* - y_t| / y_t}{n} \qquad \text{式（8-14）}$$

其中，y_t^* 代表模型的预测流量，y_t 代表模型的真实流量，模型的目的是最小化预测流量与真实流量的差值。

这里构建的系统使用多学习模型，每个模型对流量预测都存在一定的局限性，因此，通过使用 Stacking 集成学习模型，将不同的模型进行集成，综合不同模型的预测结果，形成最终的流量预测值。Stacking 模型采用式（8-15）对模型的结果进行集成。

$$D' = D' \cup [(Z_{l1}, Z_{l2}, \cdots, Z_{lt}), y_i]$$
$$h' = \zeta(D') \qquad \text{式（8-15）}$$

Stacking 模型通过结合多个学习器，最终形成综合学习器，一般而言比单个学习器具有更好的性能。

二、考虑时空相关性的区域出行需求预测

（一）深度学习相关技术

1. 卷积长短期记忆网络

长短期记忆网络通过门控机制的设计避免了长序列学习中的梯度消失问题，是时间序列预测领域使用最广泛的模型之一。然而，对于时空序列预测问题而言，长短期记忆网络由于无法对空间相关性建模而失效。卷积长短期记忆网络（ConvLSTM）将卷积操作引入到长短期记忆网络中，替代了长短期记忆网络在计算门控状态时使用的全连接操作，使得改造后的 LSIM 可以提取时空信息。

2. 门控循环单元

作为一种改进的循环神经网络，门控循环单元通过门控机制克服了梯度消失的缺陷，与长短期记忆网络（另一种知名的循环网络的变体）相比，门控循环单元使用更少的参数实现了相似或更好的预测性能。

3. 图卷积神经网络

现实生活中的许多重要数据集都没有规则的空间结构，而是以图的形式呈现，如社会网络、分子结构等。如何在这些非结构化的数据集上推广神经网络模型是一个挑战。图结构中的每个节点都有其特征信息。图卷积神经网络（Graph Convolutional Network，GCN）是卷积神经网络在图域上的扩展，可以同时对节点特征和图的结构信息进行端到端学习。

4. 图注意力网络

图注意力网络（Graph Attention Network，GAT），通过使用注意力机制来聚合邻居节点，摆脱了图卷积神经网络中拉普拉斯矩阵的约束，在广泛的任务中都取得了优异的表现。

（二）Louvain 算法

Louvain 是一种广泛使用的社团检测算法。社团结构是指在内部连接中存在的节点集合。由于社团结构可以被视为元节点，因此识别底层的社团结构可以帮助了解图的拓扑结构如何影响社团的功能。属于同一社团的节点之间往往具有较高的相似性，例如生物细胞中功能相似的蛋白质，引文网络中具有相同主题的文献。相反，属于不同社团的节点往往具有不同的属性。Louvain 算法通过计算模块度来衡量社团的紧密度。模块度的计算方法如下：

$$Q = \frac{1}{2m} \sum_{i, j} \left[A_{ij} - \frac{k_i k_j}{2m} \right] \delta(c_i, \ c_j) \qquad \text{式（8-16）}$$

$$\delta(u, \ v) = \begin{cases} 1 & \text{当 } u \text{ 等于 } v \\ 0 & \text{否则} \end{cases} \qquad \text{式（8-17）}$$

其中，m 是图中所有的边权重之和，A_{ij} 表节点 i 和节点 j 之间的边权重，k_i 表示连接到节点 i 的边权重之和，c_i 代表节点 i 所属的社团。Louvain 算法包括两个阶段，这两个阶段重复执行直到图的模块度不再改变或计算达到最大迭代次数为止。

第一阶段，图中的每个节点都被视为一个独立的社团。选择一个节点作为当前节点，计算将当前节点加入其每个邻居节点所在社团引起的模块度变化。然后，当前节点以最大的模块度增量加入社团。这个过程对所有节点重复依次应用，直到每个节点的社团所属权不再发生变化。

第二阶段，将第一阶段属于同一社团的节点组合成一个超级节点来重构图。超级节点上有一个自环，其权重等于社团中所有连接边权重之和的两倍。超级节点之间的边的权重是两个社团中节点之间的边的权重之和。然后将重新构建的图再次应用于第一阶段。

（三）考虑时空依赖的区域出行需求预测

1. 区域出行需求预测

复杂的道路网络天然的将城市划分为许多不规则的区域。在城市的运转中，不同的区域往往具备着不同的功能，而不同功能的区域通常有不同的出行需求分布模式。因此，基于不规则区域进行需求预测更为自然合理。在城市规划机构提供的划分标准的基础上，根据实际路网，通过人工划分得到使用的区域。人工划分的原则是将主干道作为划分边界，尽可能将具有相同属性的建筑保持在一个区域内。

接着，聚合每个区域在一个固定时间间隔 Δt 内的出行订单的数量，得到出行需求。区域 m 在第 t 个 Δt 内的出行需求被记作 d_t^m，所有 M 个区域在 T 个 Δt 内的出行需求可以被表示为矩阵 X：

$$X = \begin{bmatrix} d_1^1 & \cdots & d_T^1 \\ \vdots & \ddots & \vdots \\ d_1^M & \cdots & d_T^M \end{bmatrix} \qquad \text{式（8-18）}$$

其中，区域 m 的历史出行需求序列可以表示为 $X^m = [d_1^m, \cdots, d_T^m]$，而第 t 个 Δt 内所有区域的出行需求强度可以表示为 $X_t = [d_t^1, \cdots, d_t^M]$。将每个区域看作一个节点，将区域之间的空间关联看作边，将每个区域的历史出行需求序列看作节点特征，所有的不规则区域可以被组织成一个有向无权图 $G = (V, \varepsilon, A)$，称为区域时空图。其中，V 是所有节点的集合，ε 是所有连边的集合，A 是刻画了节点之间的连边关系的邻接矩阵。

因此，区域出行需求预测的问题可以表述为：根据出行需求历史观测序列矩阵 X 和区域时空图 G，寻找一个函数来预测下一个 Δt 内所有区域的出行需求：

$$[d_{T+\Delta t}^1, d_{T+\Delta t}^2, \cdots, d_{T+\Delta t}^M] = ?_\theta(X; G) \qquad \text{式（8-19）}$$

2. 区域功能分布的估计

与网格划分不同，基于路网分割得到的不规则区域具有语义信息，不同的区域往往具备着不同的功能。区域功能从根本上影响着区域之间的空间关联。例如，医院、学校等具备公共职能的区域对于住宅区域有一个吸引作用。区域功能分布的估计是准确预测旅游需求的重要组成部分。兴趣点（Point of Interest，POI）数据易于获取，能够描述地理实体的名称、位置和类别。刻画区域功能的一种简单方法是计算每个区域内不同类别的 POI 的数量分布，但对于数量分布的缺点在于所有的 POI 都被认为是同等重要的，这显然是不合理的。例如，一个大学所在的区域通常有许多餐馆。此时，数量分布并不能真正反映区域功能，因为一些 POI 类别（比如大学）的出现频率较低但很重要，而一些 POI 类别（比如餐馆）的出现频率很高但重要性不高。这一思想与信息检索中的 BM25 的思想非常相似，BM 算法被用来估计文档和给定查询之间的相关性。在 BM25 算法中，当多个文档包含相同的单词时，该单词在相关性判断中的重要性相对较低。因此，用 BM25 算法对 POI 数据进行处理，以表征区域的功能分布。

用单词对应 POL 文档对应区域，关键词对应区域功能。一个文档包含许多单词，但只有关键词反映了文档的中心思想。同样，一个区域包含多种类别的 POL，但是只有重要程度高的 POI 类别反映了区域的功能。因此，通过对 POI 进行编码，可以使用 BM25 算法计算不同类别的 POI 与区域的相关性得分。

第三节　高速铁路列车运行智能调度指挥

智能高速铁路调度系统建设质量将直接影响我国智能高速铁路运营的质量，是智能高速铁路建设的关键要素。通过分析我国铁路调度指挥系统的发展历程和特点，针对高速铁路智能调度系统的功能需求，构建高速铁路智能调度系统总体架构，从系统数据平台、关键技术等方面提出我国高速铁路智能调度系统建设的关键问题，阐述解决列车运行态势评估与演化、多工种协同调度决策自动化及高速列车晚点智能预测等课题。

随着云计算、大数据、物联网、移动互联、人工智能、北斗导航、BIM、5G 等新一代信息技术的快速发展，智能高速铁路成为我国增强高速铁路服务质量、提升高速铁路运输安全、提高经营效率效益的重要支撑。高速铁路智能调度指挥系统担负着组织指挥列车运行和日常生产活动的重要任务，是保证高速列车安全、正点、高效运行的现代控制与管理系统。智能调度是高速铁路智能运营的基础保障，实现高速铁路的智能动态调度、智能协同控制、智能客运服务调度、智能应急处置等功能是解决高速铁路智能调度的核心关键问题。因此，从我国既有调度指挥系统的特点出发，进一步研究高速铁路智能调度系统功能架构并对其关键技术进行探讨。

一、高速铁路智能调度系统功能需求及总体架构

（一）功能需求

高速铁路智能调度系统是以现代通信技术、远动技术、人工智能、大数据、专家系统等为主要技术和方法，通过全面感知和融合列车运行相关的高速铁路智能装备和智能运营数据，建立高速列车运行态势的智能评估和推演，最终实现对高速铁路整个系统进行智

能、精准、实时控制。高速铁路智能调度系统的设计旨在实现对运输资源的高效利用，对列车运行过程的精准控制，对应急情况的快速响应，从而使调度员从繁忙的日常业务中解脱出来，集中精力盯控重点任务，把控重点环节，全面提升运输组织水平。

高速铁路调度指挥的本质是通过保障稳定、良好的铁路运输态势，有效运用铁路运输资源，高质量完成运输任务的运输组织指挥过程。为实现智能调度，高速铁路智能调度系统需要具备以下功能。

①具备全方位技术资料存储及自主学习、总结及调用能力，能够掌握并监测管辖范围内所有移动、固定设备的技术性能及指标参数。

②采用智能运行图系统，实现列车运行控制与运行图的深度结合，总体保障列车开行计划兑现的同时直观科学地应对非正常情况行车组织。

③实现管辖范围内所有列车的实时精准控制，同时对列车运行环境进行全域实时掌控，在保障列车运行正点及紧急避险方面发挥重要作用。

④高效协助应急处置，加强行车、设备、客运等各部门的应急协同，全面整合应急资源，辅助生成应急处置方案，推动应急处置能力全面提升。

⑤实时研判运输态势并为旅客出行提供信息引导，保证旅客及时收到行程变化提示，最大限度地提高信息透明度，提升旅客服务效率和服务水平。

⑥统筹制订高速铁路线路施工计划及动车组检修计划，全面提高固定、移动设备的维修、检修效率，保障整体运维体系高质量运转。

⑦深度开展数据挖掘，对所有设备故障进行大数据分析，以故障分析结果指导高速铁路的运输服务保障技术研发及运输风险研判。

（二）总体架构

根据高速铁路智能调度系统的功能需求，设计我国高速铁路智能调度系统总体架构。

高速铁路智能调度系统总体架构设计思路，是由智能调度系统代替调度员完成整体运营管控，调度员从繁忙工作中解脱出来把控重点环节。高速铁路智能调度系统充分利用铁路12306等对外系统实时掌握客运市场整体情况，经智能分析后，依据基本运行图调整生成今后一段时间内运营方案，与机务、车务、工务、电务、车辆等专业管理系统及时交互、高效调度，充分协调运力资源，最后通过智能运行图系统保证运营方案精准落实。系统可以随时调用基础信息、规章规定和历史安全数据库汲取决策依据，同时通过灾害报警等系统实时监控高速铁路运营状态，以完整的信息支撑保证高速铁路系统整体运营的安全、稳定和高效。

二、高速铁路智能调度系统数据平台及关键技术

(一) 数据平台

高速铁路智能调度系统的数据几乎涵盖智能运营、智能装备的所有数据，包括智能客运数据、智能票务数据、智能综合调度数据、智能行车调度数据、动车组智能运维数据等内容。设备设施基础台账数据、外部环境数据贯穿铁路全生命周期的多个业务环节，主要体现为固定设备数据、移动设备数据、客流数据、运行环境数据等方面。

对于固定设备数据，将全国高速铁路线路拓扑化，区间通过能力、站场股道、站台上水设备、客运服务设备、动车组检修库检修能力、存车线条数、固定信号设备等运输组织相关信息数据化融入其中，形成基础数据地图，便于研究以图论、运筹学等为基础的新一代算法随时应用。

对于移动设备数据，将全国动车组列车及其他综合检测、施工维修车辆的编组信息、性能指标、车载设备、适用线路等信息数据化，并与智能系统随时掌握全路国高速铁路可提供运力情况。

对于客流数据，充分应用铁路 12306 系统的海量查询、购票数据，分阶段抓取数据进行特定分析，整理每个年龄层、每个时间段或某个区域的旅客出行特点，进行出行旅客画像；结合每年同期旅客出行历史记录，根据旅客出行画像及铁路 12306 系统现阶段旅客查询、购票意愿，对未来客运市场进行智能分析，以便有针对性地制订最优开行方案。

高速铁路智能调度系统信息平台由数据汇集层、数据分析层、综合应用层构成。首先，来自智能运营和既有的业务信息系统的数据，以及其他交通方式、气象、地震等外部相关数据自底向上汇集、融合、分析和应用于调度指挥相关数据，实现全业务、全类型的智能高速铁路智能调度数据集；其次，数据平台对调度指挥相关数据分析、加工、建模等，形成专业融合、跨业务、跨部门共享的规范数据资源，具备数据集成、数据共享、数据分析、数据建模功能；最后，综合应用层对存储数据综合应用，提供数据展示、决策和控制支持。该系统三个层面相互协调，相互支持，共同促进了数据平台的有效应用。

(二) 关键技术与重点课题

1. 关键技术

国铁集团"强基达标、节支降耗、改革创新、提质增效"的工作目标，对调度指挥精细化、精益化、精准化提出了更高要求，调度指挥须契合市场需求，灵活安排"一季一图""一日一图"，发挥市场对运力资源配置的决定性作用。高速铁路智能调度系统应主

要针对以下关键技术进行设计：

（1）高速铁路调度信息全面自动采集

以满足旅客运输需求和运力资源的合理运用为目标，建立统一的客运调度生产信息平台，实现对列车基本运行图、客票售票、动车组运用状态、编组交路、客运站段生产作业、乘务等客运调度相关信息的自动采集、统一化资源描述和关联化处理。

（2）实现高速铁路开行调整全流程闭环管理

以满足旅客运输需求和运力资源的合理运用为目标，结合铁路局集团公司级客运部门的调整需求和申请，国铁集团相关部门在线流转和决策，实现全流程贯通，取代手工作业和电话沟通，确保相关专业系统以需求为导向和以计划为业务纽带实现有效协作，提升高速铁路调度质量和客运服务水平。

（3）实现调度命令格式化编制、一体化贯通

基于客运数据动态采集，实现多样化录入。根据调度业务需求和周边各专业对调度数据的要求，完成数字化调度命令模板按需配置功能，实现格式化细粒度编制管理。同时，完成调度命令横向各专业系统协同会签，根据业务规则，实现调度命令自动传递和各专业系统之间数据一体化贯通。

（4）实现调度命令与 TDMS5.0 客运计划联动编制

建立一体化管理平台，纵向实现国铁集团、铁路局集团公司、站段三级贯通，横向实现各铁路局集团公司之间的联动传输和调度命令执行结果联动推送。

（5）实现智能化冲突检测和安全卡控

通过相关运输生产系统的数据共享，实现计划和命令的自动拟写、自动安全检查、智能化评估影响、内容自动比对，实现时间、空间、资源等多个维度的冲突卡控并指定冲突消解方案，提升智能操控能力。

（6）提升高速铁路综合运输能力，灵活安排高铁快运业务

结合运输资源，推导高速铁路的运输能力，结合客运需求，灵活安排旅客运输产品，同时结合运输能力，提供高铁快运运输产品，便于组织高速铁路货运业务开展，提升运输综合效益。

2. 重点课题

为实现高速铁路智能调度，核心是实现对列车运行态势的准确评估、推演及控制，实现高速列车运行晚点的智能预测和多工种协同的调度过程决策自动化。因此，基于上述关键技术，需要研究解决以下课题：

（1）基于多源信息融合的高速铁路列车运行态势评估与演化

高速铁路运行态势是影响高速铁路列车运行的各种因素集合所表现出来的系统综合特

征，包括列车运行态势与列车运行环境态势。应分析高速铁路调度指挥系统危险源特征，辨识高速铁路危险源，运用行车组织和系统科学理论分析影响高速铁路列车运行秩序的风险因素、风险作用机理和传播演化模式。在分析列车运行环境态势与调度指挥实时风险对列车运行态势影响的归一化评估基础上，研究列车运行环境态势与实时风险间的相互影响，提出列车运行环境态势、实时风险与列车运行态势三个方面的耦合作用机理。

（2）多工种协同的调度过程决策自动化

研究面向态势保障的高速铁路调度指挥多工种协同理论，提出国铁集团调度中心、铁路局集团公司调度所和站段各调度工种间的纵向协同机制、横向协同机制和合作协同机制，建立面向态势保障的高速铁路调度指挥闭环控制多工种协同决策方法；运用整数规划、网络优化等数学优化理论与方法，研究考虑多工种的高速铁路列车运行调整协同优化理论与方法，分别建立列车运行调整与客运组织、动车组运用和综合维修的协同优化模型与求解算法，研究特殊场景下考虑多工种协同的高速铁路综合应急调度决策理论与方法，提出高速铁路应急调度多工种协同决策机制，建立应急调度处置流程和应急调度命令智能化生成方法。

（3）基于数据科学和人工智能的高速列车运行晚点预测

采集我国典型通道型、城际型、局部路网的高速列车运行计划图、列车运行实绩、晚点致因记录、列车运行环境数据等，建立列车运行实绩及运行环境记录数据库，提取晚点列车相关运行过程及恢复数据。考虑不同类型晚点的传播模型，将延误列车序列在同一个车站或区间内的互相影响考虑成一个时序过程，运用处理时序模型的人工智能方法建立列车晚点传播链（网），实现列车晚点传播智能预测。

通过研究解决上述关键技术和重点课题，进一步推动高速铁路智能调度系统实现高速铁路智能运输、旅客智能出行，全面提升高速铁路安全生产、运营管理、客运服务的现代化水平。

高速铁路智能调度是实现智能高速铁路的核心之一，是智能高速铁路安全、高速、高效运行的基础保障，建设高水平的智能调度系统是智能高速铁路建设的紧要任务。基于我国既有调度系统特点和高速铁路智能调度技术，分析我国高速铁路智能调度系统的功能需求、架构设计、数据平台、关键技术等，以期为我国高速铁路智能调度系统建设提供一定的决策支撑。

参考文献

［1］ 过秀成，朱震军. 交通运输工程导论［M］. 南京：东南大学出版社，2022.

［2］ 王江锋，顾明臣. 交通系统分析与应用［M］. 北京：北京交通大学出版社，2022.

［3］ 秦勇，郭建媛，贾利民. 计算智能与交通运输工程应用［M］. 北京：中国铁道出版社，2022.

［4］ 暨育雄，沈煜. 交通数据采集与分析［M］. 上海：同济大学出版社，2022.

［5］ 许磊. 轨道交通车载移动测量技术及应用［M］. 北京：中国铁道出版社，2022.

［6］ 何杰. 道路交通安全分析方法体系与应用［M］. 南京：东南大学出版社，2022.

［7］ 魏赟. 基于物联网的智能交通系统中车辆自组织网络建模与仿真［M］. 北京：中国铁道出版社，2022.

［8］ 刘晓庆，龚化宇，谭依民. 城市轨道交通工程通信及综合监控技术研究［M］. 长春：吉林科学技术出版社，2021.

［9］ 彭子茂. 基于 BIM 技术的交通工程竣工模型归档规程研究［M］. 长沙：中南大学出版社，2021.

［10］ 林友芳. 交通大数据［M］. 北京：北京交通大学出版社，2021.

［11］ 马海志. 特殊地质条件下轨道交通工程建设及运营风险控制关键技术研究［M］. 北京：中国铁道出版社，2020.

［12］ 段军朝，吴贤国，贾锐奇. 城市轨道交通工程 BIM 技术应用［M］. 成都：西南交通大学出版社，2020.

［13］ 孙亚平. 交通工程学［M］. 北京：北京理工大学出版社，2020.

［14］ 王星华. 城市轨道交通工程学［M］. 北京：中国铁道出版社，2020.

［15］ 史海欧，张志良. 城市轨道交通设计 BIM 技术应用研究与实践［M］. 成都：西南交通大学出版社，2020.

［16］ 韩佳彤. 城市轨道交通建设工程盾构法施工技术指南［M］. 北京：北京理工大学出版社，2020.

［17］ 张鹏涛，周瑜，李珊珊. 大数据技术应用研究［M］. 成都：电子科技大学出版

社，2020.

［18］靳守杰. 城市轨道交通智慧售检票系统研究与应用［M］. 成都：西南交通大学出版社，2020.

［19］过秀成，孔德文. 多车道高速公路交通特性及运行管理方法［M］. 南京：东南大学出版社，2020.

［20］罗旭，胡江民，刘龙秋. 轨道交通规划设计与施工管理［M］. 武汉：华中科技大学出版社，2020.

［21］程祖国. 轨道交通列车环境友好学初探［M］. 上海：同济大学出版社，2020.

［22］曹弋. 城市综合交通分析方法与需求管理策略［M］. 北京：北京交通大学出版社，2020.

［23］马海志. 城市轨道交通工程勘测及风险管控关键技术研究［M］. 北京：中国铁道出版社，2019.

［24］于德新，常丽君，魏丹. 交通工程学［M］. 北京：北京理工大学出版社，2019.

［25］苏世怀. 轨道交通用车轮技术进展［M］. 北京：冶金工业出版社，2019.

［26］邓捷，罗江莲. 城市轨道交通行车组织［M］. 武汉：武汉大学出版社，2019.

［27］薛建明. 低碳交通体系构建与实践研究［M］. 北京：光明日报出版社，2019.

［28］周立新. 有轨线路系统工程［M］. 上海：同济大学出版社，2019.

［29］朱瑞喜. 城市轨道交通运营地下车站拓建关键技术研究［M］. 北京：中国铁道出版社，2019.

［30］王艳辉，贾利民. 智能运输信息处理技术［M］. 北京：北京交通大学出版社，2019.